KB240770

빛깔있는 책들 102-52

한국의 읍성

글/허경진 ● 사진/김성철

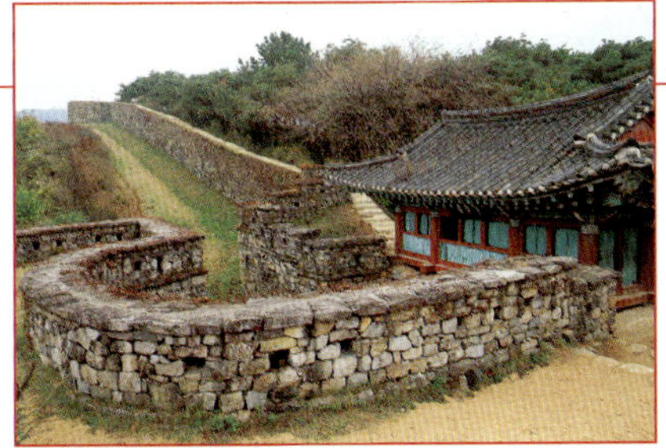

대원사

허경진 ——————————
연세대학교 국문과를 졸업하고 같은 학교에서 연세문학상을 수상한 바 있으며 대학원에서 문학박사 학위를 받았다. 목원대학교 국어교육과 교수와 열상고전연구회 회장을 거쳐, 현재 연세대학교 국문과 교수로 있다. 주요 저서로는 『조선위항문학사』 등 5권이 있으며, 『허난설헌 시선』을 비롯한 40권의 역서가 있다.

김성철 ——————————
서울예술대학과 광주대학에서 사진을 전공하고 동국대학교 문화예술대학원에서 문화재를 공부하였다. 『답사여행의 길잡이』 13권을 비롯하여 여러 책에서 전통 문화와 관련된 사진 작업을 하였으며, 현재는 문화재 사진 전문 사이트인 koreainkorea.com과 koreain-photo.com을 운영하고 있다.

빛깔있는 책들 102-52

한국의 읍성

머리말	5
성의 유래와 종류	8
성의 유래	8
성의 종류	10
읍성이란	18
위치와 모양	18
기본 구조	20
읍성의 공사 과정과 유지	36
남아 있는 읍성	40
정의읍성(성읍마을)	40
낙안읍성(민속마을)	57
해미읍성	79
고창읍성(모양성)	96
무장읍성	114
경주읍성	118
진주성	124
홍주읍성	135
맺음말	141
참고 문헌	143

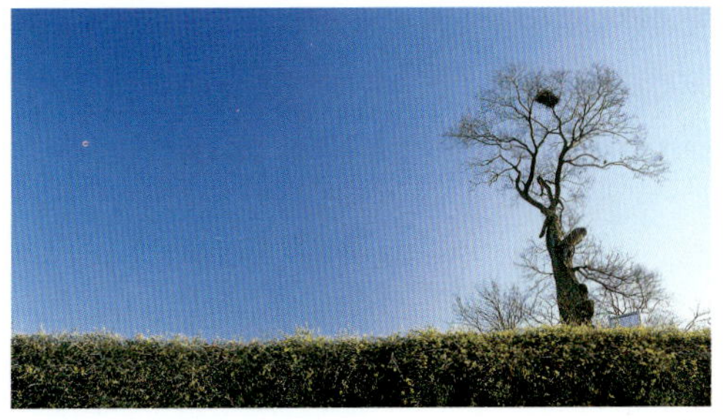

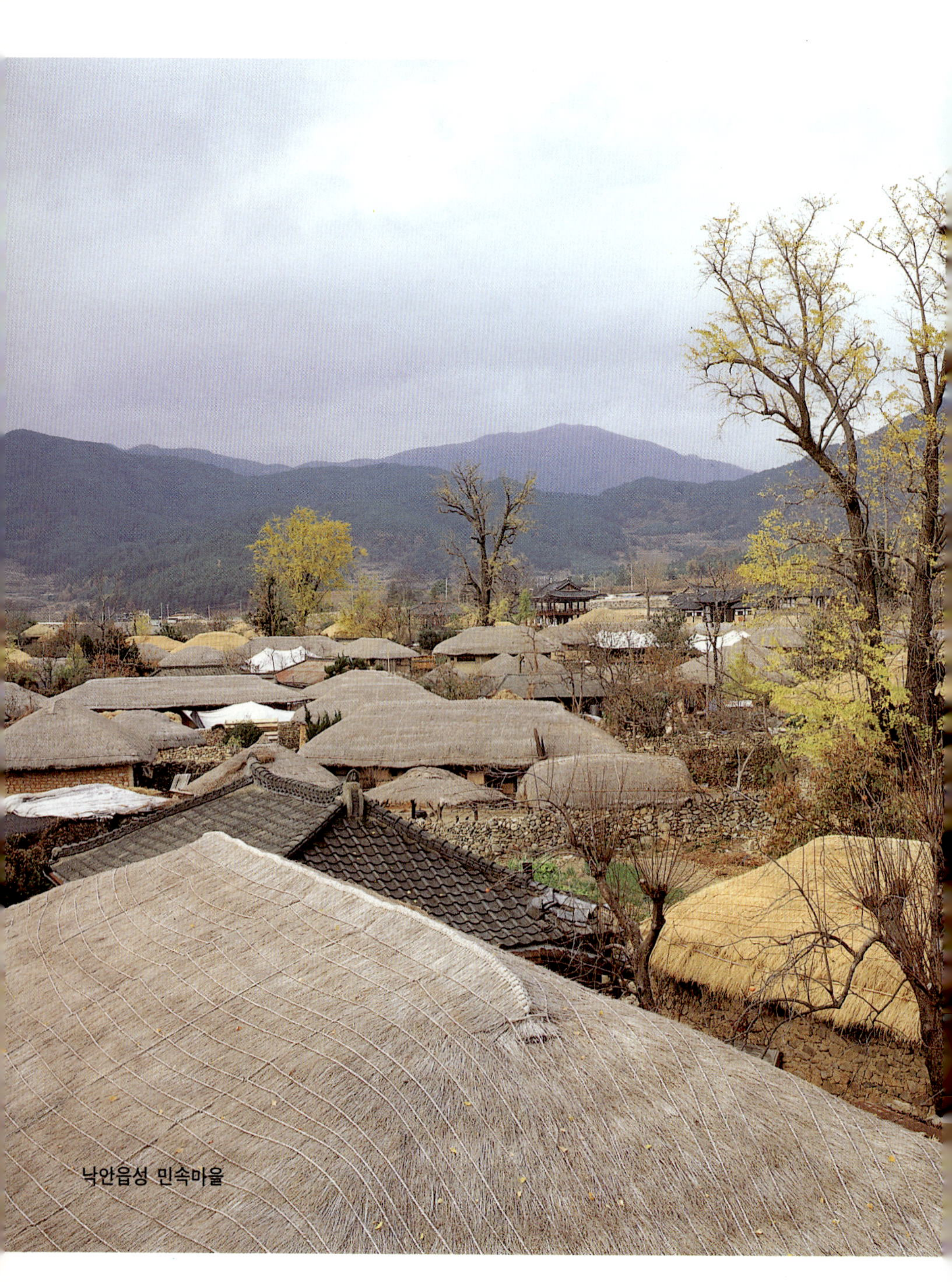

낙안읍성 민속마을

머리말

우리나라는 예부터 성을 많이 쌓았다. 그래서 집현전(集賢殿) 직제학(直提學) 양성지(梁誠之)는 세조 2년(1456) 한양 도성(都城)의 아홉 개 대·소문에 옹성(甕城)을 쌓자고 상소하면서 "우리 동방은 성곽(城郭)의 나라"라고 하였다. 조선 초기에는 성곽이 759개소나 되었으며, 『신증동국여지승람(新增東國輿地勝覽)』에 소개된 읍성(邑城)만 해도 179개소였다. 왜란과 호란을 겪은 뒤에도 더 많은 성곽을 쌓았고, 꾸준히 수리하였다.

이 가운데 전투를 목적으로 쌓은 산성(山城)에는 평소 사람이 거주하지 않았다. 평상시엔 최소한의 군사만 이곳을 지키고 있었고, 유사시엔 백성들이 성에 들어가 싸웠다. 한편 삼국시대에 쌓았다가 버려진 산성들이 임진왜란 중에 사용되기도 했다. 그에 비해 전투와 행정을 목적으로 쌓은 읍성에는 평상시 관아를 중심으로 백성들이 모여 살았으나, 유사시에는 성밖의 백성들까지도 성안으로 들어가 함께 싸웠다.

읍성은 우리 조상들의 애환이 담긴 곳이다. 이곳에서 문화와 예술이 이루어졌고, 행정이 실시되었으며, 민중들의 삶이 이어졌다. 지금처럼 모든 것이 중앙에 집중되기 전이라 지방 곳곳에서는 고유한 문화가 발달했으며, 읍성마다 분위기가 달랐다. 제주도 읍성은 제주도에 흔한 현무암으로 성을 쌓았으며, 관아 건물까지도 육지와는 달랐다.

조선시대에 그렇게 많았던 읍성들은 일제강점기에 대부분 헐렸다. 일본 통감부의 강압에 의해 순종 때 성벽처리위원회가 조직되었으며, 일본인이 그 책임을 맡아 조직적으로 읍성을 철거하기 시작했다. 나라가 망하기도 전에 무장 해제를 당했던 것이다. 총독부 시절 지방마다 백성들의 구심점이

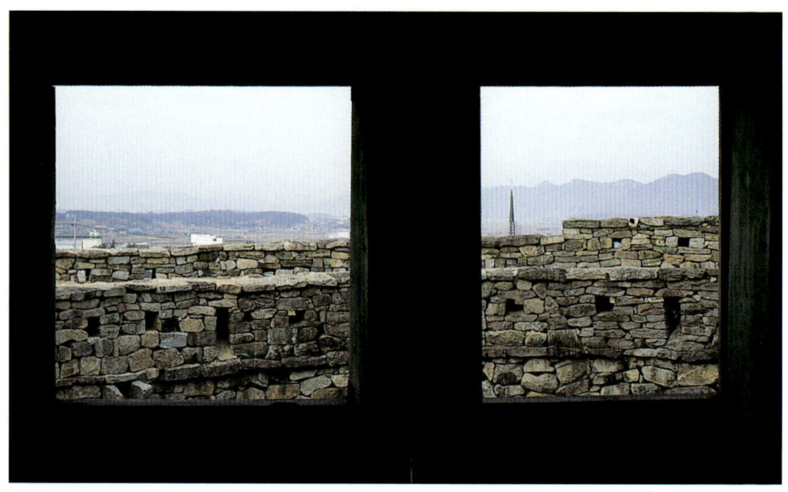

고창읍성 서문에서 바라본 성곽 읍성은 하나의 건축물이라기보다 우리 조상들이 오랫동안 살았던 삶과 문화의 공간이다. 또한 지금까지도 주민들이 그대로 살고 있는 역사의 공간이기도 하다.

·되었던 옛 조선왕조의 읍성과 관아들은 행정 당국의 무관심 속에 저절로 무너졌으며, 도시계획이라는 미명(美名) 아래 의도적으로 헐렸고, 그나마 쓸 만한 관아들은 군청이나 면사무소로 그리고 학교 건물로 전용되었다. 지금은 옛 관아의 모습마저도 찾아보기 어렵고 다만 군청이나 학교 한구석에서 그 흔적을 볼 수 있을 뿐이다.

읍성은 하나의 건축물이라기보다 우리 조상들이 오랫동안 살았던 삶과 문화의 공간이다. 그 안에 관아도 있었고 민가도 있었으며, 학교도 있었고 시장도 있었다. 우물가에선 마을 아낙들이 모여서 정담을 나누었으며, 한 우물을 먹으며 공동체를 이루기도 하였다. 읍내에 장이 열리는 날이면 성밖 사람들이 무언가 팔 거리를 가지고 나와서는 하루 종일 읍내 구경을 했으며, 대장간에 들러서 농기구도 손보았다. 성밖 아이들은 사또가 있는 성안을 먼 나라처럼 생각했으며, 지금도 '성안', '성밖', '동문밖', '서문밖' 등의 지명이 전한다.

　　지금 가장 좋은 상태로 남아 있는 읍성은 전라도의 낙안읍성(樂安邑城)과 고창읍성(高敞邑城), 충청도의 해미읍성(海美邑城), 제주도의 정의읍성(旌義邑城, 성읍마을) 그리고 수원의 화성(華城) 등이다. 낙안읍성이나 정의읍성은 조선시대부터 지금까지 주민들이 그대로 살고 있는 삶의 공간이며, 해미읍성과 고창읍성은 성벽이 완전히 남아 있는 문화재이다. 해미읍성은 천주교 순교 성지로 각광받고 있으며, 고창읍성은 조선시대의 관아를 모두 복원한 곳이어서 의미가 있다. 그래서 이 읍성들을 중점적으로 소개하였다.

　　화성은 18세기 문화 역량이 모두 투입되어서 새로운 도시계획 아래 쌓은 읍성의 결정판이지만, 이미 한 권의 책(빛깔있는 책들 권24 『수원 화성』)으로 소개되었기에 따로 소개하지 않았다. 경주읍성(慶州邑城)은 신라시대의 도성이 어떻게 읍성으로 변모했는지를 보여 주며, 진주읍성(晉州邑城)과 함께 임진왜란의 격전지로도 의미가 있다. 홍주읍성(洪州邑城)도 여러 차례 전투를 통해서 성곽과 관아가 어떻게 남아 있는지 보여 주기 위해 소개하였다.

성의 유래와 종류

성의 유래

사람들이 모여 살면서 재산이 생기게 되자, 자신들의 목숨과 재산을 지키기 위해 방어 시설을 갖추게 되었다. 처음에는 자연 지형을 이용하여 방어하다가, 차츰 인공적인 시설을 만들기 시작했다. 자신들의 동굴이나 움막 앞에 목책(木柵)을 쌓기 시작하다가 집단이 커지게 되자, 흙이나 돌로 성을 쌓게 되었다. 성을 더욱 견고하게 쌓기 위해서 성 앞에다 목책을 두르기도 하였다.

처음에 쌓은 성은 개인의 재산이나 목숨을 지키려는 목적보다는, 신성한 구역이나 지배자의 거주지를 지키기 위해서 둘러쌓은 것이다. 흙이나 돌로 성을 쌓는 일은 많은 인력을 필요로 하기 때문에 부족국가시대에 이르러서야 시작했을 것이다. 성읍국가라는 말도 이 시대의 성과 국가의 관계를 잘 보여 준다.

우리 역사에서 성이 처음 나타나는 것은 고조선 말엽인데, 『사기(史記)』 「조선전(朝鮮傳)」에 "한(漢)나라가 위만(衛滿)을 쳐들어갔을 때 양복(楊僕)이 왕검(王儉)에 이르자, 우거(右渠)가 성을 지키고 있었다"는 기록이 보인다. 여러 달이 지나도 함락시키지 못할 정도로 성을 견고하게 쌓았으며, 본격적인 성곽전이 전개되었음을 알 수 있다. 우리 조상들이 옛날에 쌓은 성은 아마도 중국의 성과 달랐을 것이다. 『천자문(千字文)』을 보면 '성(城)'이라는 글자를 '잣 성'이라고 풀이하였는데, '잣'이라는 뜻이 있었던 것을 보면 중국에서 성이라는 개념이나 제도가 들어오기 전에 이미 성의 개

넘을 가진 '잣'을 쌓았던 듯하다. 남원시 아영면 성리의 잣재리토성에도 그 자취가 남아 있는데, 성리(城里)라는 한자어 행정 지명과 '잣재리'라는 우리 이름이 함께 전하고 있다.

남한 지역에서는 서기 2세기부터 성곽의 자취가 나타나는데, 철기시대에 해당되는 김해 회현리 패총에서 성책(城柵)을 설치한 흔적이 확인되었다. 1968년 10월 대구 달성공원 입구에서 남쪽으로 150미터 지점에 있는 대구 읍성 성벽 일부를 절단한 적이 있는데, 하부 암반 위에서 김해 패총과 같은 시기의 유물층이 발견되었고, 상부 기반층에서 삼국시대 토기들이 출토되었다. 그래서 패총시대를 거쳐 삼국시대 초기에 읍성들이 쌓아졌으며, 초기의 토성을 바탕으로 조선시대까지도 읍성을 쌓았다는 사실이 확인되었다.

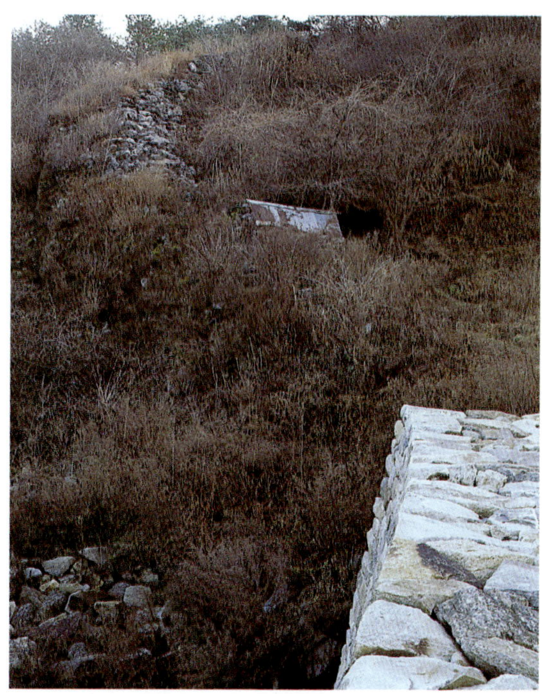

아영면 성리 잣재리토성
우리나라에서는 중국에서 '성'이라는 개념이나 제도가 들어오기 전에 이미 '잣'이란 용어를 사용하였다.

성의 종류

성을 쌓는 재료에 따른 구분

성을 쌓는 재료로는 크게 나무, 흙, 돌이 있었다. 이 재료 가운데 한 가지만 가지고 성을 쌓기도 했고, 두 가지 이상을 섞어서 성을 쌓기도 했다.

목책　삼국시대 초기의 성은 나무를 둘러 울타리를 치는 목책이었던 것으로 여겨진다. ‘책(冊)’은 본래 죽간(竹簡)을 모아서 끈으로 묶은 모습의 상형 문자인데, 나무〔木〕를 책(冊)처럼 늘어세우고 가로질러 엮은 것이 바로 ‘책(柵)’이다. 나무 기둥을 엮어서 적이 넘어오지 못하게 만든 원시적인 목책은 백제의 몽촌토성에 그 흔적이 남아 있으며, 통일신라시대 장보고(張保皐)의 활동 무대였던 청해진에도 목책의 자취가 남아 있다.

목책은 조선시대까지도 계속 활용되었는데, 임진왜란 때 행주대첩에서 이긴 것도 이 목책 덕분이었다. 권율(權慄) 장군은 삼국시대에 쌓은 토성인 행주산성에 왜군이 쳐들어오자, 싸우기로 결정하고는 조방장 조경(趙儆)을 시켜 목책을 치게 하였다. 적군과 대치한 상황에서 급하게 보완할 수 있는 방어 수단이 바로 목책이었기 때문이다. 해미읍성에도 탱자나무로 두른 목책의 자취가 남아 있었다.

토성　토성은 삼국시대와 고려시대에 많이 쌓았다. ‘성(城)’이라는 글자 자체가 ‘흙으로 이루었다’는 뜻인데, 앞의 흙을 파서 뒤에다 쌓으면 성의 높이가 갑절이나 되었다. 흙을 판 곳에 물을 채우면 해자(垓子)가 되니, 평지에 쌓은 대부분의 토성은 흙과 물로 이루어진 셈이다. 풍납토성의 단면을 보면, 백제시대에 이미 흙을 다져 넣어가며 성을 쌓는 판축식(板築式) 토성이 발달했음을 알 수 있다. 풍납토성에는 해자가 아직도 남아 있다. 부여의 부소산성(扶蘇山城)도 판축식 토성이다.

산에다 성을 쌓을 때에는 산기슭의 안쪽과 바깥쪽에서 흙을 파내어 가운데를 둔덕같이 만들고, 그뒤는 흙을 쌓아 올렸다. 서울의 아차산성(阿且山城)도 이렇게 쌓아 올린 토성이다.

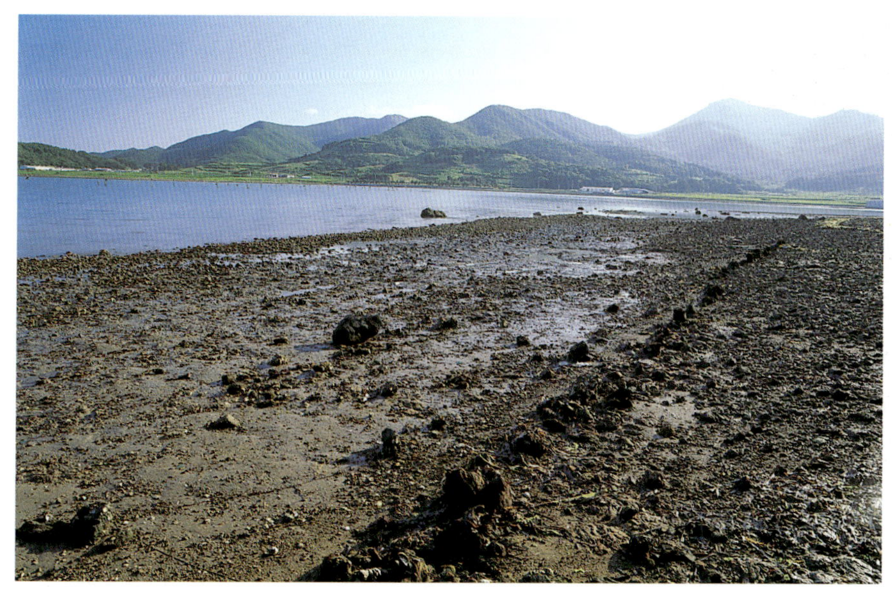

청해진 목책 흔적 통일신라시대 장보고의 활동 무대였던 완도의 청해진 터에도 목책의 자취가 남아 있어 그 연관성을 짐작케 한다.

석성 토성은 빠른 시일에 적은 인력과 경비를 들여서 쌓을 수 있지만 견고하지가 못하였다. 세월이 오래 지나면 비바람에 무너져 내렸던 것이다. 그래서 고려시대에 흙으로 쌓았던 읍성들은 조선시대에 와서 다시 석성(石城)으로 고쳐 쌓았다. 조선왕조 건국 과정에서 급하게 쌓느라고 절반 이상을 토성으로 쌓았던 한양 도성도 세종 때에 석성으로 고쳐 쌓았다. 50년 가까이 지나자, 토성이 곳곳에서 무너지기 시작했기 때문이다.

돌로 성을 쌓을 때에는 자연석이나 할석(割石)을 사용해 조금씩 뒤로 물러가며 쌓아 올렸다. 큰 돌 사이에 작은 돌을 섞어 쌓았는데, 위로 올라가면서 안쪽으로 기울어져 성벽의 경사도가 대개 15도쯤 되었다. 토성을 이용해서 석축한 경우 안쪽은 흙, 바깥쪽은 돌로 쌓았지만 안팎을 모두 돌로 쌓은 석성들도 많았다. 숙종(肅宗) 때부터는 네모반듯하게 돌을 잘라서 성을 쌓았다.

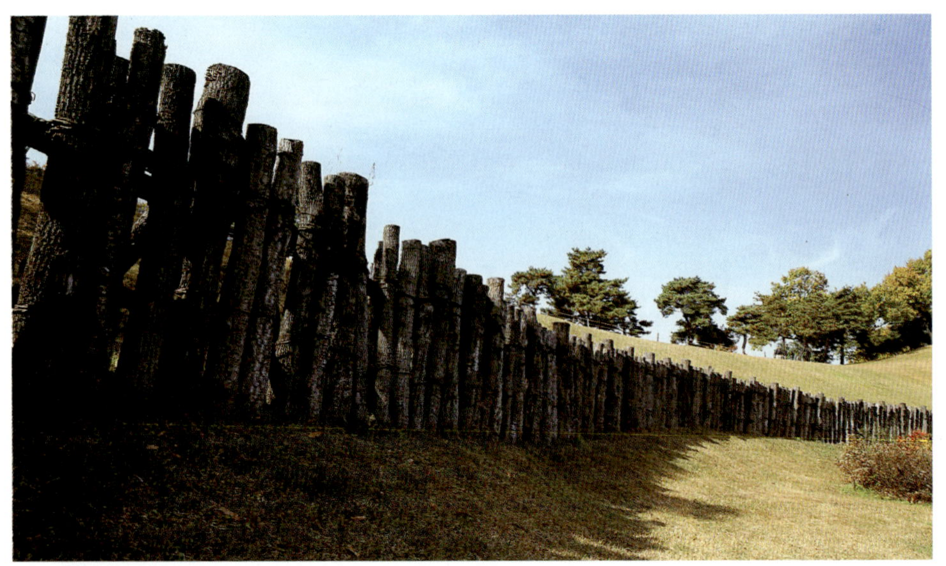

몽촌토성 목책 나무 기둥을 엮어서 적이 넘어오지 못하게 만든 원시적인 형태이다.

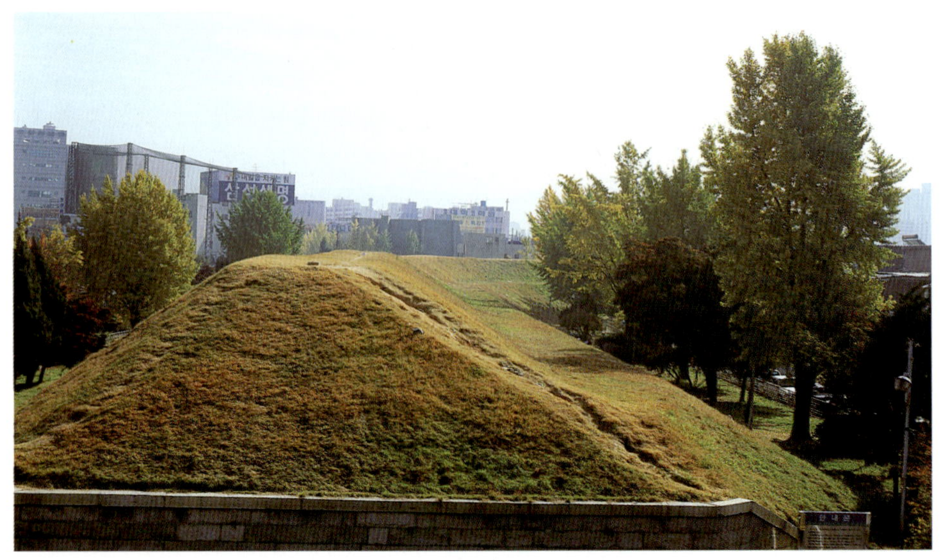

풍납토성 풍납토성의 단면을 보면 백제시대에 흙을 다져 넣어가며 성을 쌓는 판축식 토성이 발달했음을 알 수 있다.

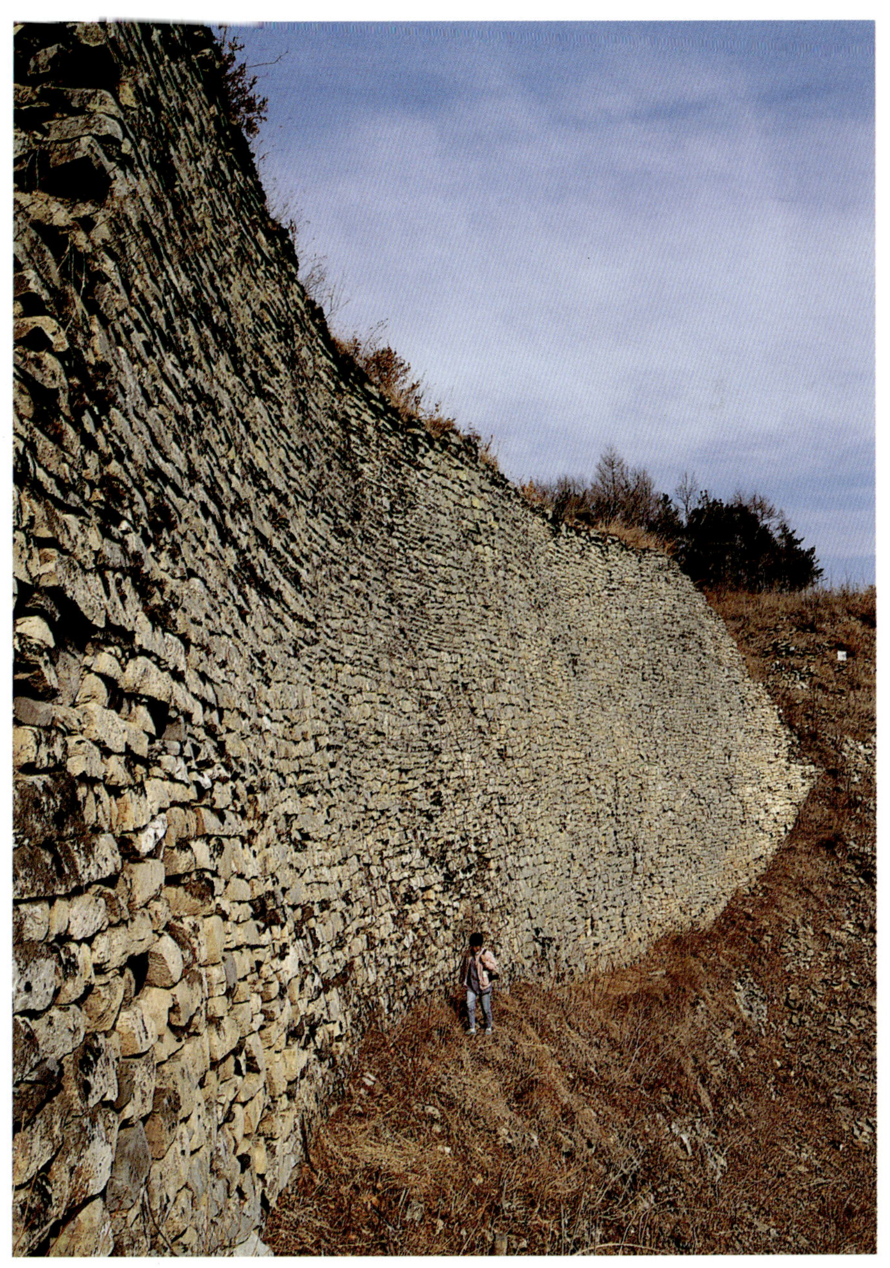

충북 보은 삼년산성 석성은 적의 공격을 가장 견고하게 지켜낼 수 있다는 점 때문에 주류를 이루었다. 삼년산성은 삼국시대에 돌로 쌓았으며 높은 곳은 10~13미터에 이른다.

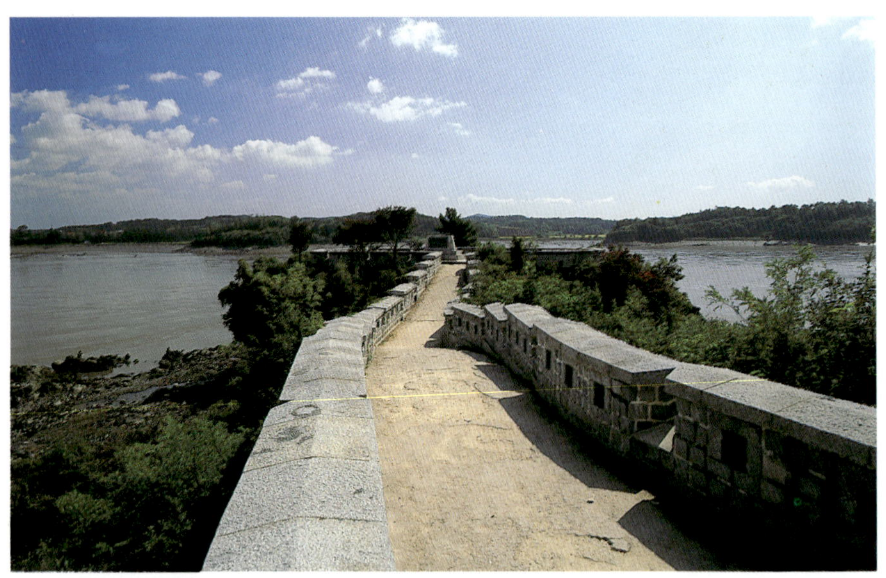

강화 용두 돈대   조선 후기에는 축성 현장 가까운 곳에서 벽돌을 구워 전성을 쌓기도 했다. 강화 산성은 여장을 벽돌로 쌓았고 화성은 부분적으로 벽돌을 사용하였다.

전성   돌로 성을 쌓으려면 축성 현장 가까운 곳에 돌이 많아야 했고, 그 많고 무거운 돌을 운반할 인력이 많이 필요했으며, 운반 과정에서 안전 사고도 많이 났다. 그래서 조선 후기의 실학자들은 축성 현장 가까운 곳에 서 벽돌을 구워 전성(磚城)을 쌓자고 주장했다. 숙종 때에 강화산성을 쌓 으면서 여장(女墻, 성가퀴. 몸을 숨겨 적을 공격할 수 있도록 하기 위해 성 위 에 덧쌓은 낮은 담)을 벽돌로 쌓았고, 정조(正祖) 때에 화성을 쌓으면서 부 분적으로 벽돌을 쓰기도 했다.

그러나 적의 공격을 가장 견고하게 지켜낼 수 있었던 석성이 그뒤에도 주 류를 이루었다. 삼국시대에 돌로 쌓았던 부여의 성흥산성이나 단양 영춘의 온달산성, 보은의 삼년산성이 아직도 잘 남아 있는데, 온달산성이나 삼년산 성은 높은 곳이 10~13미터나 된다. 한편 토성으로 쌓았던 읍성들은 거의 남아 있지 않다.

위치와 기능에 따른 구분

성을 쌓는 위치와 기능에 따라 도성, 산성, 읍성, 진보(鎭堡)로 나눈다. 이 가운데 산성과 진보는 전투를 목적으로 쌓은 성이고, 도성과 읍성은 행정과 생활을 위해 쌓은 성이다. 도성과 읍성은 여러 가지로 공통점이 있다.

도성　　도성은 한 나라의 도읍을 두른 성이기 때문에 가장 먼저, 가장 견고하고도 웅장하게 쌓았다. 삼국시대 평양과 경주(서라벌), 공주(곰나루), 부여(사비)에 모두 도성이 있었는데 평양과 경주는 평지성을, 공주와 부여는 산성을 쌓았다. 공주와 부여는 백제가 남쪽으로 밀려나는 과정에서 도읍을 정하고 성을 쌓았기에 자연히 수비 위주의 산성을 쌓았던 것이다.

고구려는 평지에 궁성(宮城)을 쌓았고, 전쟁이 나면 산성에 들어가 방비하기 위해 가까운 곳에 산성을 쌓았다. 평원왕(平原王) 28년(586)에 쌓은 평양의 장안성은 수나라의 도성을 참고하여 쌓았는데, 성안 평지에 바둑판 모양의 시가지를 만들고 이방(里坊)을 배치하였다. 큰길에는 냇돌을 깐 흔적이 남아 있다. 바둑판 모양의 시가지를 '정전(井田)'으로 설명하는 학자들도 있다. 기자(箕子)가 주나라의 정전법(井田法)을 본받아 평양의 토지를 백성들에게 '정(井)'자 형태

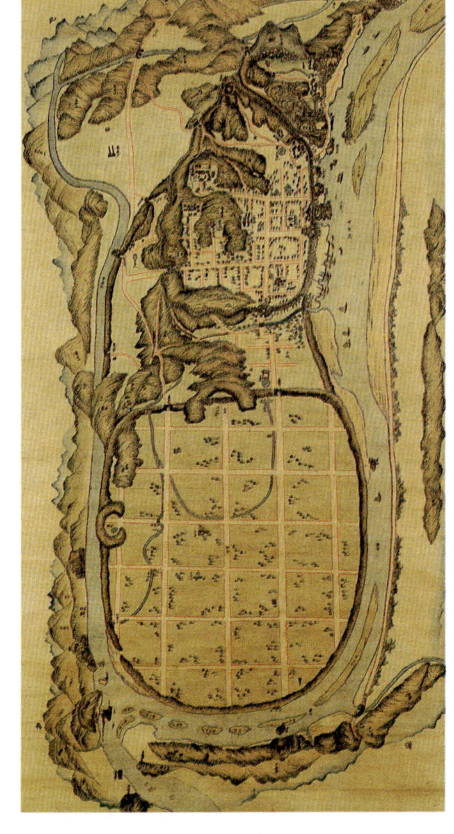

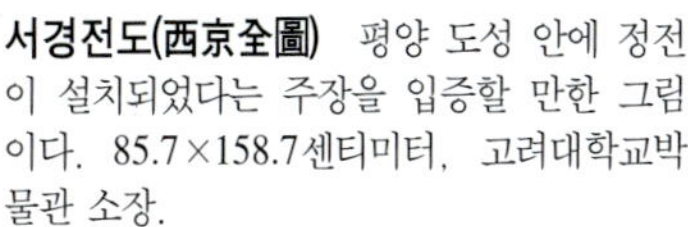

서경전도(西京全圖)　평양 도성 안에 정전이 설치되었다는 주장을 입증할 만한 그림이다. 85.7×158.7센티미터, 고려대학교박물관 소장.

로 나누어 준 다음 세금을 걷었다는 것이다. 평양 도성 안에 정전이 설치되었다는 주장은 『고려사(高麗史)』「지리지」에 최초로 제기된 이래, 여러 책에서 언급되었다. 정전의 형태가 가장 잘 남아 있던 곳은 평양 외성의 함구문과 정양문 사이의 64구역이었다. 하나의 구(區)는 고구려척〔高句麗尺, 중국 은(殷)나라의 기전척(箕田尺)을 표준 척도로 삼은 것으로 30.3센티미터인 지금의 1척과는 다르다〕을 기준으로 가로, 세로 각 512척 크기의 정방형(정사각형)이었으며 외곽으로 큰길이 형성되었다.

고려시대에는 정전에 대해서 세금을 부과하지 않았는데, 1940년대까지도 그 잔형이 남아 있었다고 한다. 그러나 '기자가 과연 지금의 평양까지 왔었을까' 하는 의문이 있기 때문에, 바둑판 모양의 시가지는 정전이 아니라 평양 도성의 도시계획이라고 설명하는 학자들도 많다. 경주에도 이방의 도시계획 자취가 남아 있기 때문이다.

우리나라의 대표적인 도성이 있었고 조선왕조의 수도였던 한양(漢陽)은 산의 남쪽이나 강의 북쪽에 있는 고을 이름에 '양(陽)'이라는 글자를 붙인 것에서 유래한다. 한강의 북쪽에 있는 고을이라 하여 '한양'이라고 불렀던 것이다. 한양 도성의 도시계획은 정도전(鄭道傳)이 주도했는데, 북쪽 중앙에 왕궁을 세우고 그 왼쪽에는 종묘(宗廟)를, 오른쪽에는 사직(社稷)을 배치하는 좌묘우사(左廟右社) 제도를 채택하였다. 정궁인 경복궁 앞에는 의정부(議政府)와 육조(六曹)의 관아를 배치하였다.

동대문과 서대문 사이의 큰길에 위치한 종로 북쪽에는 지배층인 양반 사대부들이 살았고, 남쪽에는 벼슬하지 않은 양반들이 주로 살았으며, 그 가운데 청계천 일대에는 중인과 상인들이 살았다. 종로에는 왕궁과 관아에 물건을 대던 육주비전(六注比廛)을 비롯한 큰 상점들이 늘어섰으며, 임금이 행차할 때면 길을 넓히기 위해 임시 건물인 가가(假家)들을 걷어들였다. 그래서 상점을 가게라고도 불렀다. 지금도 종로 2가나 3가 뒤에 골목이 남아 있는데, 예전에 임금이나 고관의 행차를 피해 백성들이 다니던 골목이다.

동문과 서문을 잇는 큰길을 중심으로 북쪽에 관아가 배치되고 남쪽에 민

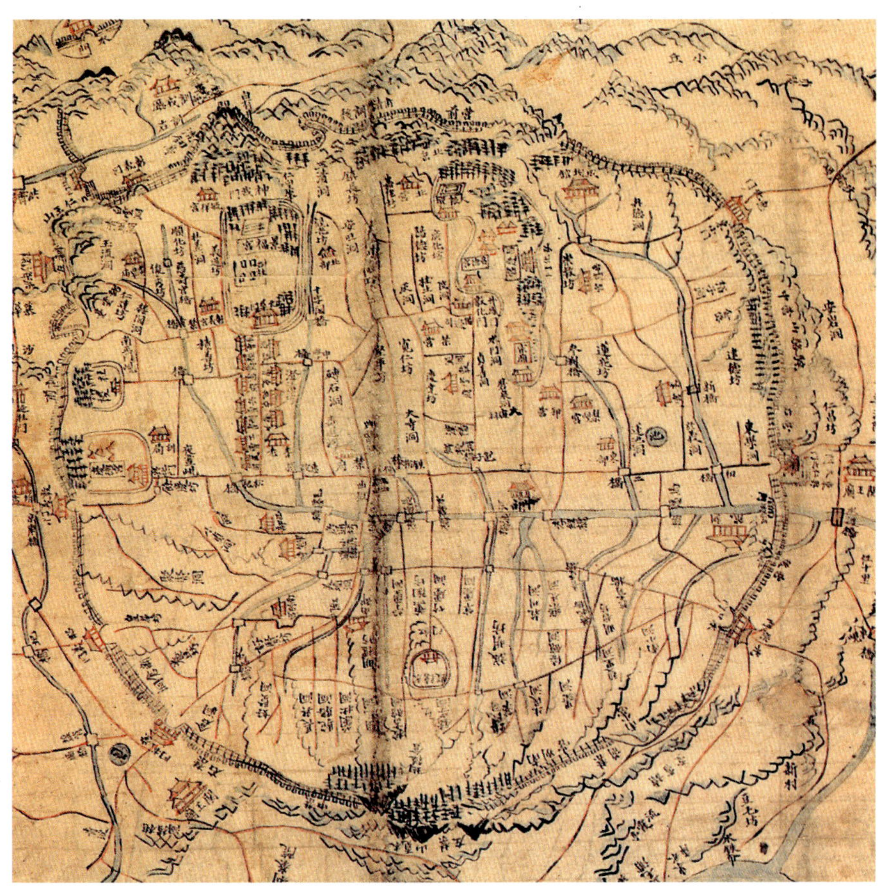

한양도 부분 도성은 한 나라의 도읍을 두른 성이므로 가장 먼저, 가장 견고하고도 웅장하게 쌓았다. 또한 읍성과 마찬가지로 행정과 생활을 목적으로 쌓은 성이다. 1760년대, 92.4×80.8센티미터, 개인 소장.

가가 배치되는 이 구조는 조선시대 읍성의 공통된 배치 구조이기도 하다.

　　읍성　　읍성은 고을의 크기와 위치에 따라 성의 높이와 넓이가 달랐다. 크고 중요한 고을에는 그만큼 관아들이 많아서, 자연히 높고 넓은 읍성을 쌓았다. 사람들이 많이 사는 고을에 쌓았으므로 대개는 평지성인데, 뒤쪽으로는 낮은 산을 의지하여 쌓았다. 그래서 북문이 없는 읍성이 많았다.

읍성이란

위치와 모양

읍성은 글자 그대로 고을을 지키기 위해 쌓은 성인데, '읍(邑)'이라는 글자 자체가 성으로 둘러싸인 고을을 형상화한 것이다. 삼국시대에 쌓은 읍성들은 대개 산을 의지해 쌓았으며, 통일신라시대에는 지방의 중심지인 9주 5소경에 읍성을 쌓았다. 대부분 읍성 가까이에 산성을 쌓아, 전쟁이 일어나면 부근에 있는 산성으로 들어가 지켰다.

원래 '성곽'이란 네모꼴로 쌓은 '성(城)'과 그 바깥쪽에 다시 네모꼴로 쌓은 '곽(郭)'으로 구성되는 이중벽이다. 우리나라는 산지가 많아서 저절로 산성이 발달했으며, 읍성의 경우에도 대부분 산을 끼고 쌓았다. 그래서 중국처럼 네모난 성보다는 산이나 골짜기의 지형에 따라 굽어진 성이 많았다.

기본적으로 읍성은 북쪽으로 산을 의지하고, 남쪽으로 평탄한 곳을 골라 쌓았다. 그래서 대부분 남문을 정문으로 삼았으며, 이따금 동문을 정문으로 사용한 경우도 있다. 험난한 북쪽에는 문을 내지 않았는데, 그쪽으로는 길이 나지 않았기 때문이다. 그런데 지형에 따라서는 북문을 정문으로 삼은 읍성도 있다. 고창읍성처럼 북쪽이 낮고 동남쪽이 높은 지형에 쌓았을 경우에는 북문이 정문으로 될 수밖에 없었다.

읍성에는 식수로 쓸 수 있는 우물이 반드시 있어야 했다. 그래야만 평상시 생활하는 데에도 부족함이 없고 외적에게 포위되었을 때에도 원군이 올 때까지 버틸 수가 있었다. 그래서 지리지에 읍성이나 산성을 소개할 때에는 성의 높이나 길이와 함께 반드시 샘이나 우물의 숫자를 기록하였다.

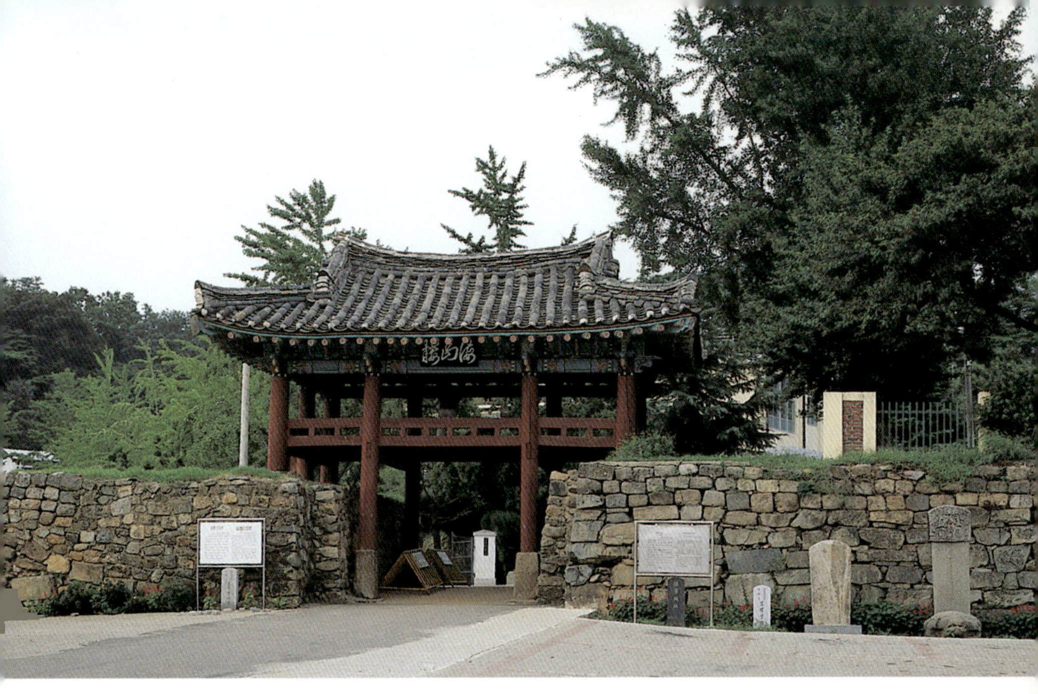

보령읍성 읍성은 글자 그대로 고을을 지키기 위해 쌓은 성인데, '읍'이라는 글자 자체가 성으로 둘러싸인 고을을 형상화한 것이다.

충청남도에 있는 비인읍성과 보령읍성을 옮겨 쌓으면서 위치가 문제되었는데, 『세종실록』12년(1430) 9월 24일조를 보면 당시 도순찰사였던 최윤덕(崔潤德)이 그 장단점을 이렇게 아뢰었다.

충청도 비인(庇仁)과 보령(保寧)의 두 고을은 왜구들이 가장 먼저 발을 들여놓는 곳인데, 비인읍성은 평지에 위치하여 있고, 보령읍성은 높은 언덕 위에 위치하고 있어 모두 성터로 맞지 않습니다. 또 잡석을 섞어서 쌓은 성이라 보잘것없고 좁은 데다 우물과 샘마저 없으니, 참으로 장기간 보전할 땅이 아닙니다. 비인현 죽사동(竹寺洞)의 새 터와 보령현 고읍(古邑) 지내리(池內里)의 새 터는 삼면이 험준한 산을 의지하고 있는 데다가, 그 안의 면적도 넓고 샘물도 또한 넉넉하여 읍성을 설치하기에 마땅합니다. 게다가 본현과의 거리도 불과 1리밖에 되지 않아서 (읍성을) 옮겨 오는 폐단도 없으니, 윗항의 새 터에 본도 중에서 벼농사가 잘된 각 고을에 적당히 척수(尺數)를 안배하여 10월부터 역사(役事)를 시작하게 하고, 감사와 도절제사로 하여금 축성을 감독하게 하소서.

이를 보면 읍성은 너무 낮은 곳이나 높은 곳에 쌓지 않았으며, 산을 의지하고 쌓았음을 알 수 있다. 백성들이 살기 알맞을 정도로 면적이 넉넉해야 했고, 우물이나 샘물도 넉넉해야 했다. 성을 옮겨 쌓을 때에는 예전 고을에서 너무 멀리 떨어지지 않아야 했다.

그밖에 풍수지리를 참조하여 읍성 쌓을 자리를 정하기도 하였다. 『세종실록』 원년(1418) 8월 17일조의 "평안도 관찰사가 박천성(博川城)이 풍수지리에 맞지 않고 또한 수재(水災)가 있으니, 옛 성터로 옮기자고 청하였다. 황해도 관찰사는 옹진성(甕津城) 안에 샘이 없으니 땅을 가려서 옮기자고 청하였다. 다 그대로 따르기로 하였다"고 한 것만 보아도, 읍성을 쌓을 때에 풍수지리적인 면에서 자리를 골랐음을 알 수 있다. 풍수지리가 단순한 미신이 아니라, 수재와도 관련이 있기 때문이다.

기본 구조

읍성 안에는 고을의 기본적인 건물들이 있기 마련인데 관아와 객사, 관원과 백성들의 집, 시장과 여인숙 등이 있었다. 경우에 따라서는 향교가 읍성 안에 있기도 했다. 관원들이 정무를 보는 건물을 한데 묶어 '관아(官衙)' 또는 '공해(公廨)'라고 하며, 우리말로는 마을이라고도 한다. 도성에 수많은 관청이 있었던 것에 비해 읍성에는 관아가 단출한 편이었다. 고을의 등급에 따라 크기가 달랐지만, 동헌이나 객사는 보통 20칸 또는 30칸 규모였다. 고을의 등급은 현(縣)·군(郡)·도호부(都護府)·목(牧)·부(府)·도(道)의 순서에 의해 높아졌고, 인구도 많아졌으며, 관아도 커졌다.

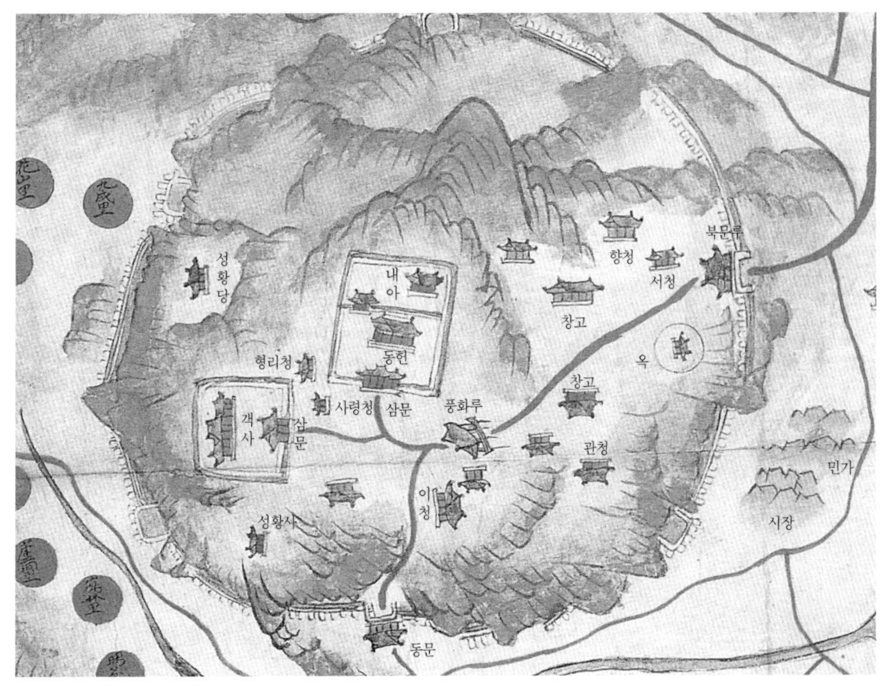

고창읍성 배치도 읍성 안에는 고을의 기본적인 건물들이 있기 마련인데, 관아와 객사, 관원과 백성들의 집뿐 아니라 경우에 따라서는 향교가 읍성 안에 있기도 했다.

현 단위의 읍성 안에는 백성들의 기와집이 거의 없었다. 조선 후기의 읍성 사진들을 보면, 관아 말고는 거의 초가집이다. 넓은 농토를 가진 양반들은 읍성 바깥에 자신의 농토 가까이 집성촌을 이루고 살았으며, 양지바르고 경치도 좋은 배산임수(背山臨水)에 고래등 같은 기와집들이 지어졌다. 그 주변으로 일가 친척들의 집이 있었으며, 바깥쪽에는 소작인들의 초가집이 있었다. 읍성 안에는 큰 기와집을 지을 만한 마땅한 자리가 없었을 뿐만 아니라, 수령과 충돌할 수도 있었기 때문이다. 특히 중앙에서 높은 벼슬을 하다 내려온 양반일수록 수령이 부담스러워할까 봐 읍성 밖에서 살았다. 자기들만의 양반촌을 이루고 살면서 양반 문화를 즐겼으며, 필요할 때만 읍성

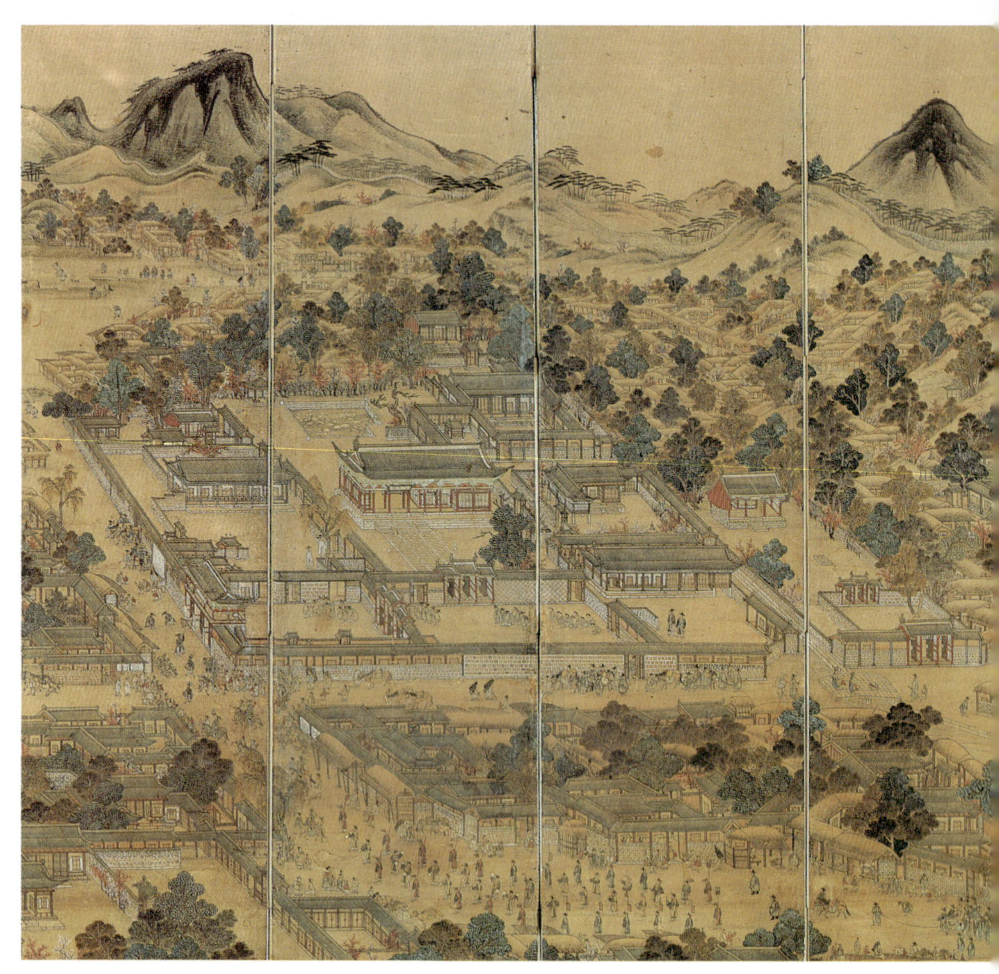

안을 나들이하였다. 읍성 안의 큰 집은 대부분 아전들의 집이었는데, 그들은 날마다 관아에 출근해야 했기 때문에 가까운 곳에 살았다.

읍성 안에는 동헌·객사 등의 기본적인 관아가 있었는데, 고을의 등급에 따라 종류가 더 많아지기도 하고 줄어들기도 했다. 동문과 서문을 이어 주는 큰길이 가운데 있었고, 그 위쪽에는 관아가, 아래쪽에는 시장과 민가가

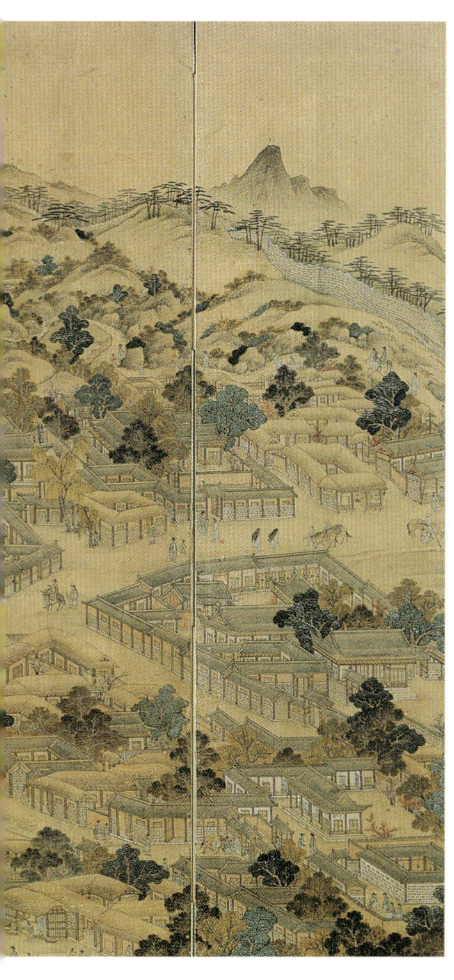

경기감영도 부분 읍성 안에는 동헌, 객사 등의 기본적인 관아가 있었는데, 고을의 등급에 따라 종류가 더 많아지기도 하고 줄어들기도 했다. 12폭 병풍, 135.8×442.2센티미터, 호암미술관 소장.

있었다. 지형에 따라 방향이 바뀌기도 했지만, 큰길 위쪽에 관아가 배치되는 것은 공통적인 현상이었다.

바닷가 고을들은 외적의 침입을 염려하여 두 고을을 하나로 합치는 경우도 있었는데, 그럴 경우에는 한쪽 고을의 관아를 다 폐쇄하였다. 특히 진(鎭)의 경우 전략상 자주 증설하거나 폐쇄하였는데, 그때마다 관아를 세웠다가 폐쇄하였고 백성들이 옮겨 가며 살았다. 그 고을에서 역적이나 강상죄인(綱常罪人, 삼강(三綱)과 오상(五常)에 어긋나는 행위를 한 사람)이 나면 고을의 등급을 강등시켰으며, 자연히 관아의 규모도 달라졌다. 부의 청사가 현의 청사로 바뀌면, 모든 규모가 줄어들었다. 이런 경우에는 10년이 지난 뒤에야 다시 회복되었다. 심지어는 읍이나 현 정도가 아니라 도(道)의 이름까지도 바뀐 경우가 많은데, 충청도가 '충공도'나 '공청도' 또는 '홍충도'로 이름이 바뀌기도 했다. 가장 큰 고을이었던 충주와 청주의 이름을 따서 충청도가 되었는데, 1505년에는 충주 대신에 공주를 넣어서 '청공도'로, 1628년에는 홍성을 넣어서 '공홍도'로, 1646년에는 '홍충도'로 바뀌었다.

반대로 왕비라도 나면 고을의 등급이 승격되었는데, 현이 부로 승격되면서 관아의 규모도 달라졌다. 조선시대에는 인구가 적은데도 불구하고 부사가 다스리는 고을이 많았다. 같은 고을이 군에서 부로 승격되었다가, 또 현으로 강등되는 경우가 얼마든지 있었다.

읍성에는 반드시 있어야 할 관아들이 몇 개 있었으며, 그밖에는 고을의 규모와 특성에 따라 더하거나 덜하였다. 읍성 안에 가장 많았던 관아는 아래에 예를 들었는데, 대개 기와집으로 지었다. 관아를 그린 그림들이 많이 남아 있어서, 관아의 모습과 배치 상황을 알 수 있다.

동헌과 내아

동헌(東軒)은 지방 관아의 정무(政務)가 행해지던 중심 건물이다. 관찰사, 병(마절도)사, 수(군절도)사, 이밖에 수령의 정청(政廳)으로 지방의 일반 행정 업무와 재판이 모두 이곳에서 행해졌다. 동쪽에 있는 행정청이라는 의미에서 '동헌'이라고 하였으며, 수령의 살림채인 내아(內衙)는 '서헌(西軒)'이라고 하였다. 동헌과 내아는 담이나 행랑으로 격리되어 있었고, 가운데 협문(夾門)으로 통하였다.

조선 후기 동헌들은 대개 3, 4층의 석축 위에 정면 6, 7칸, 측면 4칸의 목조 팔작지붕 기와집으로 장중한 분위기를 지녔다. 가운데 3칸은 마루이고, 양쪽에 온돌방을 만들었으며, 앞에 툇마루를 꾸몄다. 정면에는 '당(堂)'이나 '헌(軒)' 등의 편액을 걸었는데, '교화를 베푼다'는 뜻의 '선화당(宣化堂)'이 가장 많았다. 대개는 정치를 잘 베풀겠다는 수령의 의지가 담긴 두 글자를 이름으로 삼았다.

현재 남아 있는 동헌 가운데 대표적인 건물로는 강원도 감영의 정청이었던 원주의 선화당과 김제의 사칠헌(事七軒), 홍주목(지금의 홍성군)의 안회당(安懷堂) 등이 있다. 용인 민속촌에 복원된 관아 건물은 원주 선화당과 과천현 동헌을 고증하여 재현한 것인데, 동헌과 내아 문루(門樓) 등이 비교적 잘 꾸며졌다.

내아는 수령 가족의 생활 공간이므로 사대부 집안의 안채와 같은 모습을 하였다. 안방·대청·건넌방·부엌·찬방 등으로 구성되었으며, 주위에 곳간 등의 부속채가 딸려 있었다. 장대석으로 마무리한 낮은 기단 위에 막돌 초석이나 다듬은돌 초석을 놓고, 네모난 기둥을 세웠다. 대청은 연등천장(천장을 만들지 않고 서까래가 그냥 노출되어 보이도록 한 것)을 하고, 온돌방은 종이천장을 하였다. 지붕은 대개 팔작지붕으로 단청을 하지 않았다.

그러나 1914년 부군폐합령(府郡廢合令)이 내려지면서 대부분의 동헌들은 군청이나 면사무소로 바뀌었으며, 상태가 나쁜 건물들은 민간에게 불하(拂下)되어 헐렸다.

안회당 동헌은 지방 관아의 정무가 행해지던 중심 건물이다. 지방의 일반 행정 업무와 재판이 모두 이곳에서 행해졌으며, 동쪽에 있는 행정청이라는 의미에서 '동헌'이라 하였다.

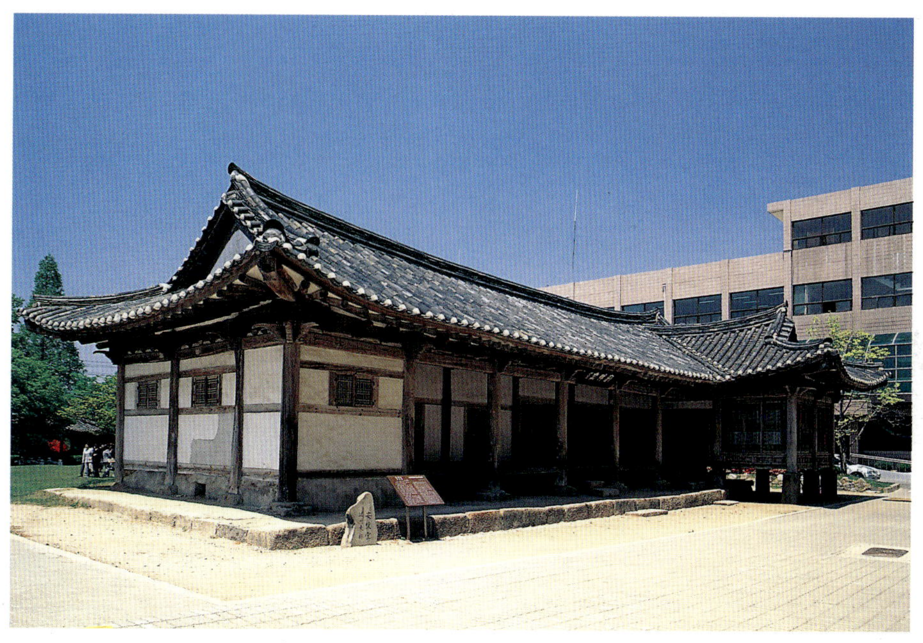

객사

　객사(客舍)는 사신이나 출장 관원들이 머물던 숙소인데, 객관(客館)이라
고도 하였다. 정당(正堂)을 중심으로 왼쪽과 오른쪽엔 온돌로 만든 익실
(翼室)을 두고, 앞에는 내삼문과 외삼문이 있었다. 객사에는 전패(殿牌)를
안치하고, 수령을 비롯한 관원들이 초하루와 보름에 대궐을 바라보며 절하
였다. 임금을 상징하는 전패가 있었기 때문에, 어느 의미에서는 동헌보다
더 중요한 건물이기도 했다.

전주객사　객사는 사신이나 출장 관원들이 머물던 숙소인데, 임금을 상징하는 전패가 있어서 어떤
의미에서는 동헌보다 더 중요한 건물이기도 했다.

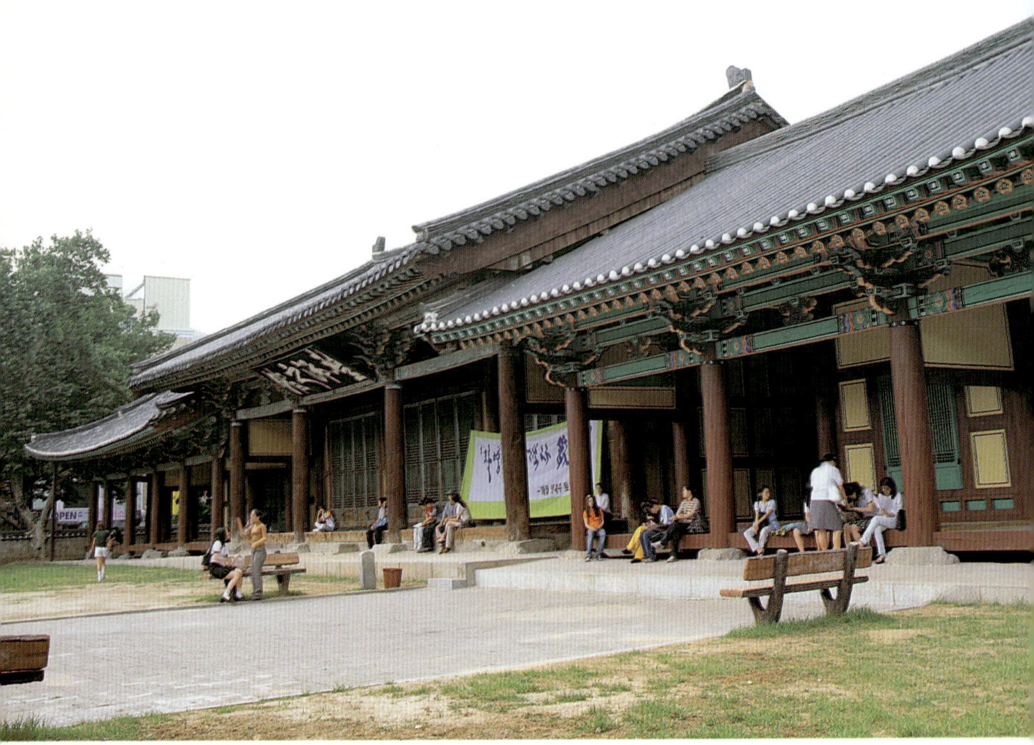

관찰사가 순시차 들르면 이곳에 머물며 잔치를 벌이거나, 백성들에게 향시(鄕試)를 베풀기도 하였다. 고을의 선비들과 만나 시를 짓기도 하였는데, 이때 지은 시 가운데 뛰어난 작품들은 객사 현판에 오랫동안 걸렸다. 한양에서 의주까지 가는 길은 명나라로 가는 길목이어서, 이 길목에 있던 객사들은 명나라 사신들을 접대하기 위해 크고 화려하게 지었는데, 건물을 보수할 때마다 이웃 고을의 백성들이 동원되어 민폐를 끼쳤다.

객사의 이름은 대개 고을 이름을 그대로 썼는데, 당대의 이름보다는 옛이름을 썼다. 가장 오래된 건물은 전주객사(1473년 이전, 보물 제583호)이며, 고령의 가야관(伽倻館, 1493년), 경주의 동경관(東京館, 16세기 말) 등이 조선 전기의 건축 양식을 보여 주고 있다. 이후 부군폐합령이 시행되면서 조선시대 객사의 효용성이 없어지자, 대부분의 객사들은 학교 건물로 사용되었다. 따라서 지금 남아 있는 객사 건물들은 대개 학교 구석에 있거나, 학교를 옮긴 다음 그 자리에 복원된 것들이 많다.

삼문

동헌이나 객사 앞에는 삼문(三門)이 있는데, 글자 그대로 통로가 셋 있는 문이다. 가운데 문으로는 수령과 사신·빈객들이 드나들었고, 왼쪽 문으로는 향토의 양반이나 아전들이, 오른쪽 문으로는 군관이나 장교 또는 백성들이 드나들었다. 고을 수령이 드나들던 가운데 문은 양쪽 문보다 더 넓게 분할하였다.

큰 읍성에는 삼문이 둘씩 있었는데, 안에 있는 것이 내삼문, 밖에 있는 것이 외삼문이다. 동헌과 객사에 각각 삼문이 둘씩 있으면 삼문이 넷이나 되는 셈이다. 외삼문은 2층 문루로 만든 경우가 많다. 2층 문루로 만든 경우에는 1층을 출입문으로 쓰고, 2층은 집회 공간으로 썼다. 대개 한 층의 면적이 10평이 넘었지만, 방을 따로 만든 경우는 없었다. 고을을 순시하러 나온 관찰사가 문루에 올라가서 주위를 살펴보면 읍성이 한눈에 들어왔는데 민속은 순박한지, 농사는 잘 짓고 있는지, 산림은 제대로 관리되고 있는지,

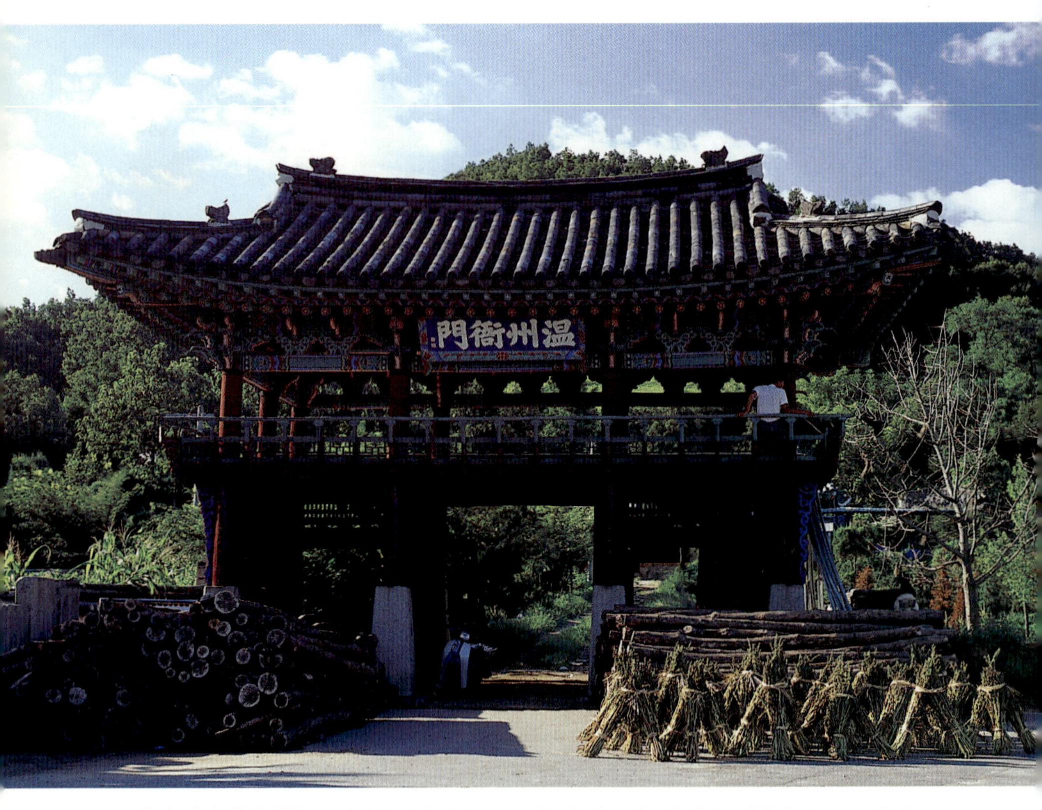

충남 아산 온주아문 동헌이나 객사 앞에는 통로가 셋 있는 삼문이 있다. 가운데 문으로는 수령과 사신·빈객들이 드나들었고, 왼쪽 문으로는 향토의 양반이나 아전들이, 오른쪽 문으로는 군관이나 장교 또는 백성들이 드나들었다.

성곽은 잘 보수되고 있는지 등 2층 문루는 이러한 것들을 살펴보는 용도로 알맞았다. 글자 그대로 관찰사가 관찰하기에 가장 좋은 장소였던 것이다. 조선시대에는 읍성 안에 2층 건물이 없었으므로, 외삼문 문루가 가장 높은 건물이었다. 군이나 현 단위의 작은 읍성에는 대부분 누각이 따로 없었으므로, 객사의 외삼문 문루는 관찰사나 수령들이 연회를 베푸는 장소로도 많이 이용되었다.

조선시대에는 삼문도 동헌이나 객사의 부속 건물이 아니라 독립된 건물로 인식되었으며, 대개는 이름이 따로 있었다. 바닷가 고을은 해산루(海山樓)나 읍해루(揖海樓) 등의 이름을 썼으며, 산속 고을은 강산루(江山樓)나 벽서루(碧棲樓) 같은 이름을 썼다. 요덕루(耀德樓)는 임금의 덕을 백성들에게 빛낸다는 뜻이고, 여민루(慮民樓)는 백성을 생각한다는 뜻이다. 진성(鎭城)의 문루에는 수항루(受降樓)나 백승루(百勝樓)같이 승리를 뜻하는 이름을 붙였다. 읍지에도 삼문을 따로 소개하면서 대개 정면 3칸, 측면 2칸의 규모를 소개하였고, 삼문의 상량문을 소개하기도 하였다. 어느 해에 어느 수령이 세웠다는 사실을 밝혀, 삼문이 독립된 건물임을 알게 하였다.

충청남도 지역에 남아 있는 외삼문은 7동인데, 모두 2층 문루로 세웠다. 정면 3칸의 기둥 사이 평균 간격은 중앙 3.05~3.10미터, 양쪽 2.40~2.50미터로 중앙이 양쪽보다 넓다. 측면 2칸은 2.20~2.30미터로 균등 분할하였다. 오른쪽 또는 왼쪽 옆에 2층으로 오르는 계단이 있다.

현재 남아 있는 삼문 가운데 가장 오래된 것은 고려 말기에 세워진 강릉객사문(국보 제51호)이다.

향청

향청(鄕廳)은 지방의 양반들이 중앙에서 내려온 수령을 자문 보좌하던 자치 기구로, 조선 초기에는 '유향소(留鄕所)'라고 하다가 임진왜란 이후 '향청'이라고 불렀다. 악질 향리(鄕吏)들이 백성을 괴롭히는 것을 막고 향풍을 바로잡는 등 향촌 교화를 목적으로 시작되었지만, 수령과 충돌하는 경우도 있었다. 좌수(座首)는 수령의 수석보좌관이 되어 향임(鄕任)들의 인사권을 가지고 각종 송사를 처리했으며, 환곡(還穀)을 취급하였다. 향리들은 임기에 따라 자주 바뀌는 수령보다 그 고을에 대대로 살아오던 향원(鄕員)들을 더 두려워하였다. 조선 후기에는 수령이 집무하는 동헌 다음의 두 번째 관아라는 뜻으로 향청을 이아(貳衙)라고도 했다.

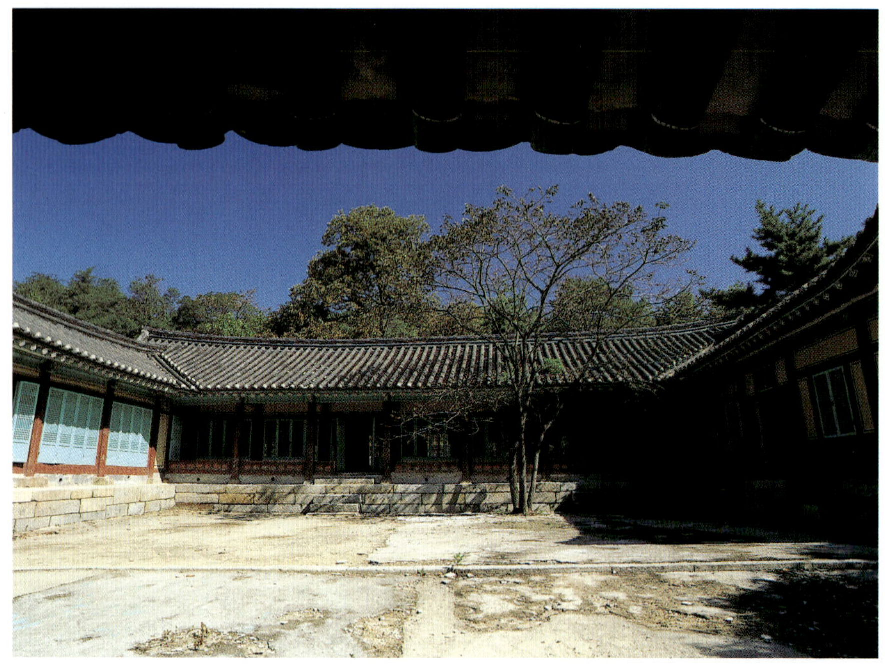

고려궁터 강화유수부 이방청 조선시대 지방 관아의 육방 가운데 우두머리인 이방이 근무하던 곳이다. 여기서는 주로 백성들의 민원을 처리하였다.

작청

조선시대 지방 관아의 육방(六房) 가운데 우두머리인 이방이 근무하던 이방청(吏房廳)이다. 백성들이 가장 자주 부딪치던 아전이 바로 이방이었으므로, 작청(作廳)은 민원을 처리하던 곳이기도 하다.

관청

지방 관아의 주방을 관청(官廳) 또는 관주(官廚)라고 했는데, 고을 수령과 그 가족의 식생활 및 공사 빈객의 접대와 각종 잔치에 필요한 물품을 조달하고, 회계 사무를 관장하던 곳이다. 회계의 근거를 남겨야 했으므로, 모든 식용품의 조달 및 지출을 날마다 기록하는 등 업무가 매우 복잡했다. 관아에서도 일이 가장 많은 곳이었으므로 나중에는 관청이라는 말이 넓은 의미로 쓰이게 되었다. 관청의 책임을 맡은 향리를 관청색(官廳色) 또는 주리(廚吏)라고 불렀다.

창고

어원상으로는 곡물을 보관하는 곳이 창(倉)이고, 옷감·무기·보물 등을 보관하는 곳이 고(庫)인데, 이 두 가지를 합하여 창고라고 하였다. 보관하던 쌀과 베의 출납을 통해 물가를 조절하던 곳이 상평창(常平倉)이고, 여러 가지 방법으로 기금을 마련하고 이것을 대여하여 빈민을 구제하던 곳이 의창(義倉)이며, 의창의 기능을 보완하기 위해 조선 초기에 국가의 지원으로 설치되었던 민영 창고가 사창(社倉)이다. 이 가운데 곡식이나 옷감을 보관하던 창고는 읍성 밖에 두는 경우도 있었지만, 군기고·무기고 등은 반드시 읍성 안에다 두었다.

성황사

성황사(城隍祠)는 고을 수호신인 성황(城隍)을 모신 사당인데, 민간 신앙인 서낭당과도 관계가 있다. 본래 '성황'은 중국에서 '성지(城池)'라는 뜻으로 쓰였는데, 성읍을 지키기 위하여 성읍 둘레에 파 놓은 성지의 신이 바로 성읍의 수호신이 되었다. '황(隍)'이라는 글자가 '해자', 곧 '성밖에 만든 물 없는 도랑(城下池無水)'을 뜻하기 때문이다. 그래서 읍성마다 성황을 모시는 사당, 곧 성황사를 두게 되었다. 이러한 성황 신앙은 고려시대에 이 땅에 들어왔는데, 문종 때 신성진(新城鎭)에다 성황사를 세운 것이 최초라고 한다.

민간에서는 마을 어귀나 고갯마루에 원추형으로 돌무더기를 쌓아 놓고 서낭당이라고 불렀다. 서낭당 곁에는 보통 신성시하는 나무(신목)가 있거나, 장승을 세워 놓기도 했다. 서낭당을 지날 때에 돌무더기 위에다 돌 세 개를

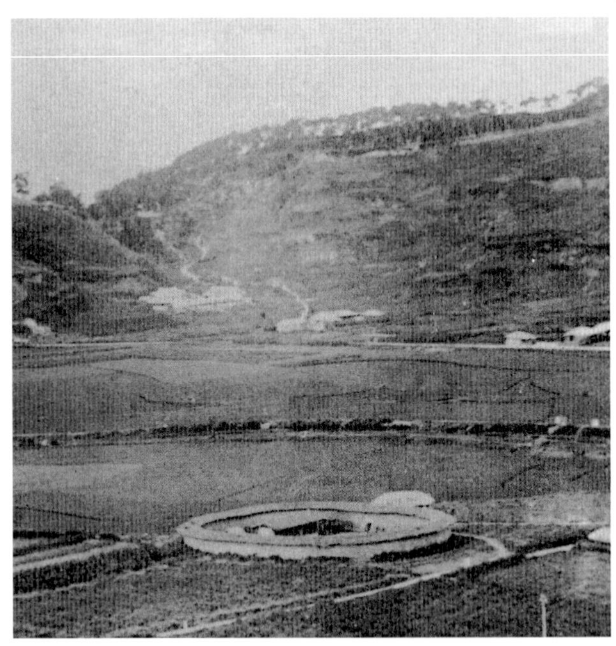

공주감옥 동헌과 적당히 떨어진 곳에 자리잡고 있으며, 원형의 담을 둘렀다. 담 안에 옥사가 있으며, 출입구 쪽으로 붙은 작은 초가는 옥리가 사는 집이다. 조선 후기.

엎거나 침 세 번을 뱉고 지나가면 재수가 좋다고 믿었다. 산왕(山王)이 '서낭'이라는 우리말로 바뀐 것이라고도 한다. 읍성의 수호신을 모시는 성황사와 우리 고유의 서낭당은 그 기능이 비슷했으므로 쉽게 습합되었다.

고려시대에는 고을마다 서낭을 두고 극진히 위했으며, 고종은 몽고군을 물리친 것이 서낭신의 도움 덕분이라고 생각하여 서낭신에게 신호를 가봉(加俸)하기도 하였다. 이성계(李成桂)는 즉위한 뒤 여러 산천의 서낭에 제사했으며, 그뒤에도 이름난 서낭에서는 정기적으로 제사를 드렸다. 특히 국난(國難)이나 가뭄이 있을 때에는 서낭제를 거행하여 국태민안(國泰民安)을 빌었다. 그래서 읍성마다 대개 높은 산에다 3~4평 규모의 성황사를 기와집으로 세웠다.

옥

읍성마다 죄수를 가두던 옥이 있었는데, 동헌과 적당히 떨어져 있었다. 조선시대의 실물이 남아 있는 곳이 없어서 정확한 모습을 알 수 없지만, 19세기 말엽 공주감영의 옥을 보면 출입문을 제외한 모든 벽이 굵은 나무 창살로 된 기와집인 것으로 보아, 대부분 이런 형태였음을 짐작할 수 있다. 지금도 옥터, 옥거리 등의 지명이 여러 지방에 남아 있다.

성문

성곽에는 서너 군데 출입문을 두었는데, 대개는 사방에 하나씩 내었다.

충남 보령 오천성 홍예문 성문은 홍예문 위에 초루를 세운 경우가 많아서 성이 무너지거나 나무로 세운 누각이 썩어 없어진 뒤에도 돌로 쌓은 홍예문은 남게 되었다.

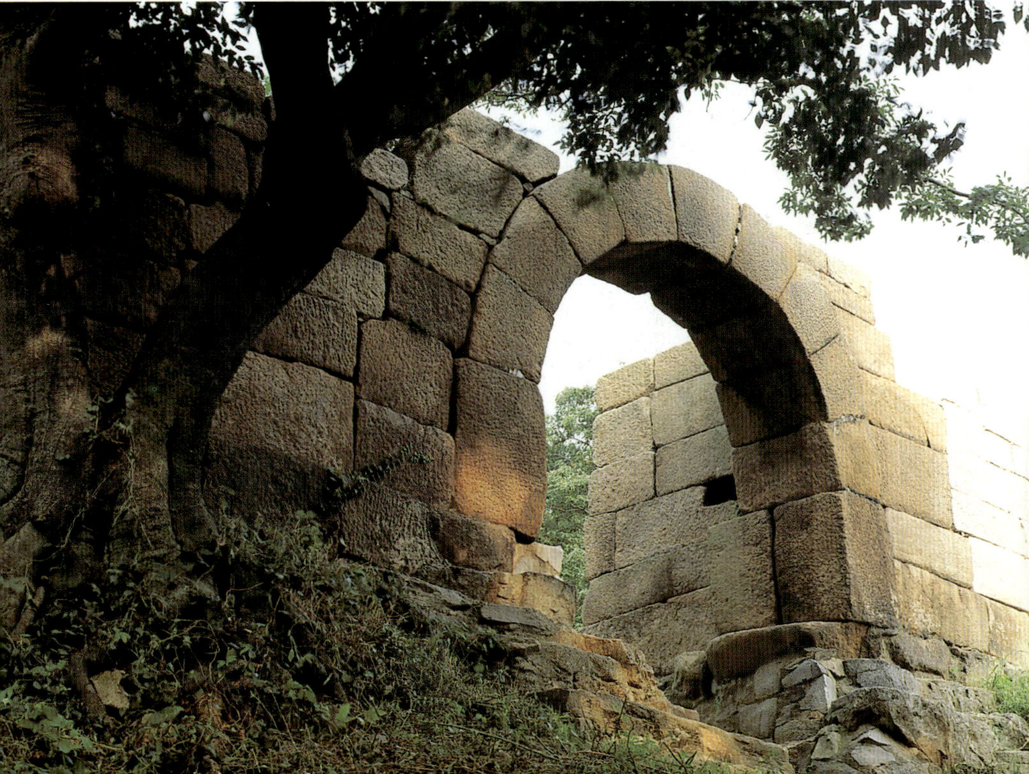

그러나 동서남북 네 군데 모두 성문을 낸 경우는 많지 않으며, 북문이 없는 경우가 많았다. 남향이나 동향을 선호한 데다, 대개는 북쪽으로 야산이나 언덕에 기대어 성을 쌓았기 때문에 출입문을 낼 수 없었던 것이다.

성문은 홍예문(虹蜺門) 위에 초루(譙樓, 문루)를 세운 경우가 많아서 성이 무너지거나 나무로 세운 누각이 썩어 없어진 뒤에도 돌로 쌓은 홍예문은 남게 되었다. 그러나 고창읍성같이 주춧돌 위에 나무기둥을 세우고 문짝을 단 경우도 있다. 누각 기둥 사이에는 판문을 달아서 전투할 때에 방어용으로 쓰기도 하였다.

성문은 대개 방향을 따라 내기 때문에 이름에도 방향을 뜻하는 글자들이 많이 들어간다. 동서남북이라는 글자가 직접 들어가기도 하지만, 흥인문·돈의문·숭례문·흥지문같이 인의예지(仁義禮智)를 넣기도 했다. 병영(兵營)을 겸한 읍성이나 진보의 경우에는 진서루·진남루·진북루같이 진(鎭)자를 넣거나, 수성루(守城樓)·감성루(坎城樓)같이 성을 지킨다는 뜻을 붙였다. 이런 성문은 전투가 시작되면 전투 지휘소가 되었다.

근대화가 되고 시가지가 넓어지면서 성곽은 많이 없어졌지만, 원래 통로로 쓰였던 성문은 아직까지 그대로 남아 있는 경우가 많다. 성문을 기준으로 해서 성밖과 성안, 문밖과 문안이라는 동네 이름이 생겼고 문안은 여전히 시가의 중심이 되었다. 지방에서는 성문을 그대로 통로로 쓰는 경우가 많지만, 통행 차량이 많은 도시에서는 성문을 그대로 보존하고, 성문 옆으로 다시 길을 내어 사용하고 있다. 우리나라 국보 제1호가 숭례문(남대문)이고 보물 제1호가 흥인지문(동대문)인 것만 보아도 알 수 있듯이, 성문은 그 자체로도 훌륭한 건축물이며, 읍성의 변천을 지켜본 증언자이다.

향교와 선정비

고을의 필수적인 건물 가운데 하나가 향교(鄕校)인데, 향교는 읍성 안에 있는 경우도 있지만 읍성 밖에 있는 경우도 많았다. 처음에는 읍성 안에 지었다가, 학문하기 알맞은 곳을 찾아서 읍성 밖으로 옮겨지기도 했다.

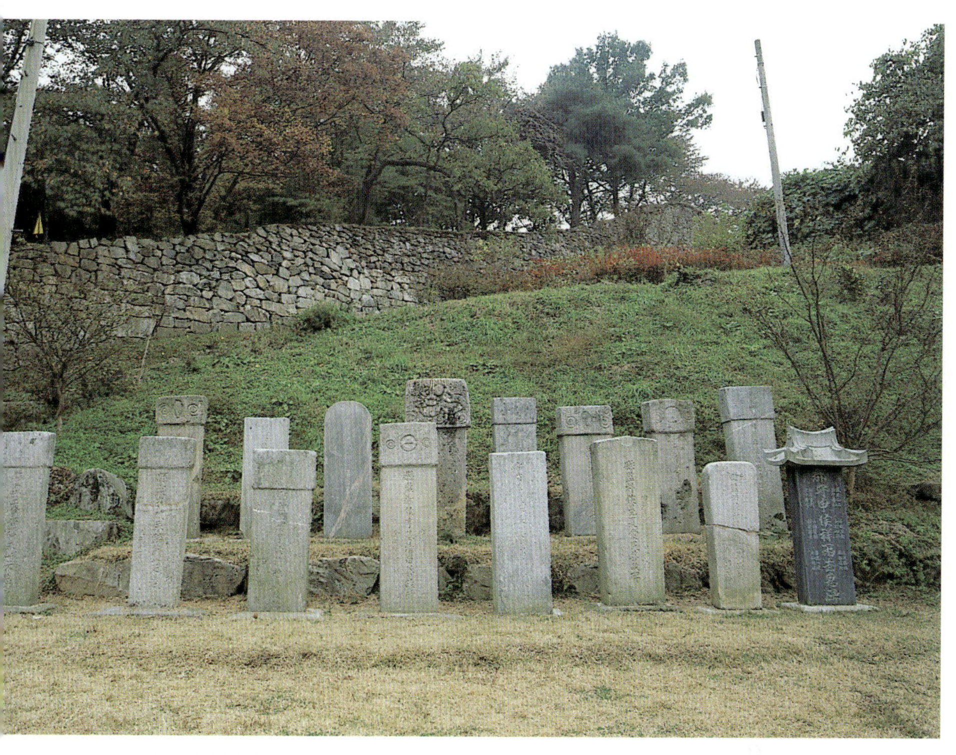

고창읍성 선정비 선정비는 읍성의 역사를 말없이 증언한다. 임기를 마치고 떠나는 수령에게 백성들이 재임 기간 동안에 잘 다스렸다고 고마워하면서 그 이름과 재임 기간을 비석에 새겨 넣었다.

　그밖에 읍성의 필수적인 요소는 아니지만, 읍성의 역사를 말없이 증언하는 조형물로 선정비(善政碑)가 있다. 선정비는 임기를 마치고 떠나는 수령이 재임 기간 동안에 잘 다스렸다고 백성들이 고마워하면서, 그 이름과 업적을 새긴 비석이다. 가장 많은 사람들이 볼 수 있도록 관아나 향교 앞 큰길에 세웠다. 정확한 통계는 없지만 열 사람 가운데 한 사람 정도 선정비가 세워졌는데, 백성들이 선정을 고마워하며 세운 경우도 있지만 떠나는 수령이 강제로 세우게 한 경우도 많았다.

읍성의 공사 과정과 유지

공사 과정

조선왕조를 건국하는 과정에서 각 고을마다 성을 쌓는 공사가 큰 문제로
대두되었다. 좌대언(左代言) 탁신(卓愼)이 태종 15년(1415) 7월 16일 국방
에 대하여 건의하였는데, 그 내용을 보면 "각 고을에서 성터를 정하지 않은
곳과 쌓지 않은 곳을 빠짐없이 의논하여 (성터를) 정해서 단단히 쌓고, 그
성 위에 설치한 여장의 수, (성을 쌓느라고 동원된) 장정의 수, 들어간 양식
의 수량, 사방으로 가까운 성까지의 거리, 도로가 험한지 평탄한지, 봉화
(烽火)가 바라보이는 곳을 모두 책(策)에 써서 나라를 지키는 방도를 갖추
소서"라고 하였다.

고려 말부터 왜구가 자주 쳐들어오자, 조선 초기 세종은 1418년 왜구의
근거지인 대마도를 정벌하도록 하였다. 대마도주(對馬島主)로부터 왜구를
보내지 않겠다는 약속을 받아 정벌한 목적을 이루긴 했지만, 혹시라도 그들
이 바닷가 고을에 쳐들어와 복수할까 걱정이 되었다. 그래서 읍성을 강화하
기 시작했는데, 이때 전국적으로 돌아다니며 읍성 공사를 감독한 주역은 왜
구를 정벌했던 장군 최윤덕이었다. 그가 읍성 쌓는 목적을 아뢴 내용이 『세
종실록』 22년(1440) 3월 1일조에 "야인(野人)과 왜노(倭奴)가 모두 보복할
마음을 품고 있으니, 불가불 각 도 각처에 성을 쌓아야 할 것입니다. …(중
략)… 바닷가 군현(郡縣)마다 당당한 금성(金城)이 우뚝 서 있으면, 저들이
비록 보복할 마음이 있더라도 어찌 능히 해롭게 하겠습니까?"라고 기록되어
있다.

최윤덕은 10여 년 동안 전국을 돌아다니며 읍성 쌓을 곳을 정하고 공사를
감독했는데, 당시 병조판서였던 그가 읍성을 쌓던 기준이 『세종실록』 11년
(1429) 2월 10일조에 실려 있다.

하삼도(下三道) 각 고을의 성 가운데 꼭 방어할 필요가 있는 바닷가 고을

들은 산성을 없애고 모두 읍성을 쌓게 하소서. …(중략)… 각 고을에 쓸 만한
옛 성이 있으면 그대로 수축하고, 쓸 만한 옛 성이 없으면 가까운 곳에 새로
운 터를 가려 신축하게 하소서.

세종은 이 보고를 받고 공조(工曹)에 지시하여 전국에 읍성을 쌓게 하였
다. 대부분 고을에는 고려시대에 흙으로 쌓았던 읍성이 남아 있었으므로 새
로 쌓기보다는 토성을 석성으로 개축하는 공사가 많았다. 이즈음에 한양 도
성도 다시 돌로 쌓았으며, 충청·경상·전라도의 바닷가에 읍성들을 많이
쌓았다.

유지

한양 도성의 경우 백악·인왕·목멱·낙산을 연결하는 5만 9,500척의 성
곽을 공사하기 위해 11만 8,000명이 동원되었는데, 600척을 한 단위로 하여
공사 구간을 97구로 나누었다. 구역마다 천자문의 글자를 하나씩 표시하였
는데, 백악산 동쪽부터 '천(天)' 자로 시작하여 낙산·남산·인왕산을 거쳐
서쪽에 이르자 '조(弔)' 자 구획이 되
었다. 책임진 부분의 성벽에는 감독자
의 관직과 동원된 장정들의 고을 이름
을 새겨 넣어 책임을 분명히 했는데,
지금도 그 흔적이 남아 있다.

읍성을 쌓을 때에도 마찬가지였는데,
고창읍성에는 지금도 성벽 바깥에 여러
개의 표석(標石)이 남아 있어서 어느
고을에서 동원된 인부들이 공사했는지
그 책임 구역에 대해 확실히 알려 주고
있다. 고창읍성을 쌓을 때에는 전라도
각 고을의 장정들이 동원되었는데, 고

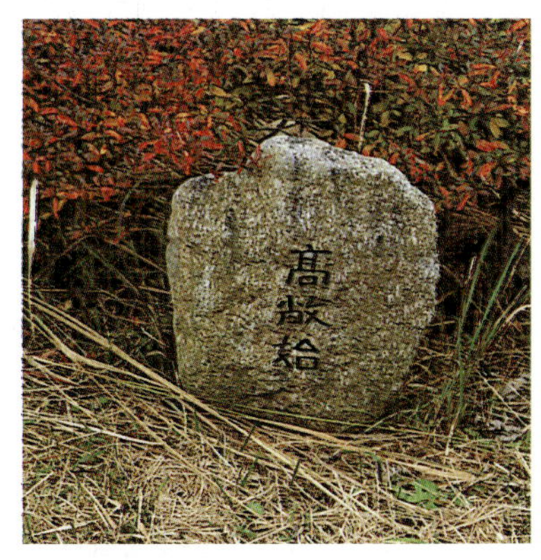

고창읍성 표석 공사 구간이 시작되는 곳에
동원된 장정들의 고을 이름을 새긴 자연석을
세워서 그 책임을 분명히 하였다.

을마다 정해진 공사 구간이 있었다. 그래서 공사 구간이 시작되는 곳에는 '순창시(淳昌始)', '남원시(南原始)' 등의 글자를 새긴 자연석을 세워서 책임을 분명히 하였다.

각 고을의 농사 작황에 따라서 공사 구간을 나누기도 하였다. 세종 12년(1430) 충청도 비인과 보령에 읍성을 옮겨 쌓게 되었는데, 도순찰사 최윤덕이 "본도 중에서 벼농사가 잘된 각 고을에 적당히 척수(尺數)를 안배하여 10월부터 역사를 시작하게 하라"고 건의하였다. 새로 쌓을 읍성을 관리할 도의 각 고을에는 농사 작황에 따라서 공사 구간을 지정해 주었으며, 농사가 끝나는 10월부터 장정을 동원하여 성을 쌓았음을 알 수 있다.

성벽에 공사 감독자의 이름이나 인부들이 동원된 고을의 이름을 표시하는 것은 공적을 기념하는 것이기도 하지만, 공사를 허술히 하여 무너지는 경우에 책임을 묻기 위한 방편이기도 했다. 토성은 물론이고 석성도 세월이 오래 지나면서 무너지기 시작했는데, 부실하게 공사하는 경우에는 쌓자마자 무너지기도 했다. 이렇게 되면 '성 쌓는 자리를 잘못 정했기 때문인가, 아니면 잘못 쌓았기 때문인가' 하는 논쟁이 벌어졌다. 이에 따라서 책임자가 징계를 받았기 때문이다. 세종 23년(1441) 평안도에 쌓은 성이 무너지자, 사헌부에서 "조명간(趙明干)의 성이 쌓은 지 겨우 두 달이 지나자마자 반 넘게 허물어졌으니 박근(朴根)이 잘못 쌓은 탓도 있지만 터를 잘못 정했기 때문입니다"라고 아뢰었는데, 세종은 이 말을 듣고 "(평안도는 지형이 험해서 강을 따라 성을 쌓았는데) 쌓자마자 곧 무너졌으니 이는 (장소를 잘못 정했기 때문이 아니라) 쌓는 것을 감독한 자의 죄이다"라고 단정하였다.

세종 때에 여러 곳에 읍성을 쌓으면서 이런 일이 자주 일어나자, 축성 결과에 따른 상벌을 제도화시켰다. 세종 27년(1445) 12월 23일 의정부에서 병조의 첩정(牒呈)에 의하여 "주현(州縣)의 읍성을 쌓는 것을 감독하는 관리에게 논상하는 법이 있으니, 양계(兩界) 행성(行城) 공사를 감독하는 관리도 역시 이 예에 따라 (상벌을) 시행하소서. 5년 안에 무너지지 않는 자는 승급시키고, 1,000척 이상 잇달아 무너지는 자는 논죄하며, 1,000척 이

하가 무너진 자에게는 비록 죄를 주지 않더라도 상은 주지 마소서"라고 아뢰자, 세종이 그대로 시행하였다. 5년 동안만 무너지지 않으면 승진시켰고, 1,000척 이하가 무너지는 정도는 묵인했으니 대부분의 읍성은 완성되자마자 조금씩 무너지기 시작했다고 볼 수 있다.

원래 삼국시대에는 3년 기한으로 성을 쌓았다. 1934년부터 1975년에 걸쳐 경주 남산에서 비석 6기가 발견되었는데, 남산성을 쌓으면서 공사 구간마다 하나씩 세웠던 비석들이다. 591년(진평왕 13) 2월 26일에 세운 비석에는 각기 공사 구간을 밝히고 인력이 동원된 고을 이름과 공사 책임자의 이름을 기록했으며, 성을 쌓은 뒤 3년 이내에 무너지면 벌을 받겠다고 서약한 내용이 새겨져 있다. 그때 쌓은 경주의 남산신성이 지금까지도 일부 남아 있는 것으로 보아, 얼마나 정성껏 쌓았는지 알 수 있다. 조선시대에는 삼국시대보다 축성법이 발달했으므로, 책임 시한을 3년에서 5년으로 연장하게 된 셈이다.

지방의 수령들이 근무 기간 동안에 하는 일 가운데 하나가 읍성이나 산성을 보수하는 일이었다. 무너진 곳이 생기면 조정에 보고하고, 풍년이 든 해에 가까운 고을의 장정들을 동원하여 보수하였다. 그러나 조선 후기에 접어들자, 기강이 흔들리면서 읍성이 조금씩 무너져도 보수하지 않았으며, 토성은 거의 다 무너졌다.

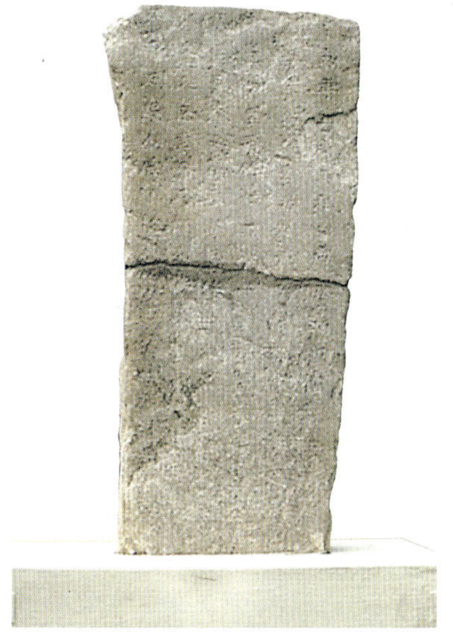

경주남산신성비 남산성을 쌓으면서 공사 구간마다 하나씩 세웠던 것으로, 여기에는 공사 구간과 인력이 동원된 고을 이름, 공사 책임자의 이름이 새겨져 있다. 국립경주박물관 소장.

남아 있는 읍성

정의읍성(성읍마을)

정의읍성은 제주도 남제주군 표선면 성읍 1리에 있는데, 조선시대에 정의현(旌義縣) 관아가 있던 곳이다. 제주도 주민들의 생업은 대부분 어업인데다 산간은 물이 귀하고 교통도 나빠서, 대부분의 고을들이 바닷가에 있었다. 정의현도 처음에는 바닷가 마을인 성산읍 고성리에 있었다. 제주도에는 본래 제주목에만 고을이 있었는데, 제주도를 사방에서 지키기 위해 태종 16년(1416) 두 고을을 더 설치하였다. 한라산 북쪽은 제주목에서 관할하고, 서남쪽은 대정현, 동남쪽은 정의현에서 관할하게 되었다. 그런데 고성(古城)은 정의현에서도 동쪽으로 너무 치우쳐 있어 여러 마을을 다스리기 힘든데다 왜구의 침략을 받기 쉬워, 세종 5년(1423) 안무사(安撫使) 정간(鄭幹)이 건의하여 산간 마을인 진사리로 성읍을 옮기게 되었다. 배추(裵樞)가 지은 기문(記文)에 의하면 "송섬이 세 고을 백성들을 사역시키고 판관 최치렴이 감독하였는데, 그해 정월 초9일부터 시작하여 13일 만에 성 쌓기를 끝냈다"고 한다.

정의읍성은 표선리 바닷가에서 천미천을 따라 8킬로미터 정도 올라간 곳에 세워졌는데, 남쪽에는 영주산(325미터)이 감싸고, 천미천 건너에는 남산봉이 솟았다. 바다 쪽에는 매오름(137미터)이 매처럼 솟고, 서쪽에는 무찌오름(300미터)이 솟았으며, 그 앞뒤로 높고 낮은 봉우리들이 정의읍성을 감쌌다. 봉우리라는 뜻의 '오름'은 한라산이 화산으로 폭발하던 당시의 작은 분화구들이다. 이런 봉우리들이 감싸고 있어 병화불입지지(兵火不入之地)

라고 알려진 곳에다 읍성을 세웠던 것이다.

500년 동안 정의현의 읍성이었던 정의읍성은 지금도 성읍리라고 불리는데, 읍성과 관아, 민가에 예전 모습이 남아 있다. 민가 다섯 채가 중요민속자료로 지정되었으며, 성읍마을 자체가 중요민속자료 제188호로 지정되었다. 「오돌또기」, 「맷돌노래」 등 민요 다섯 수도 제주도 무형문화재 제1호로 지정되었으며, 다른 마을들과 달리 오랫동안 관아가 있어서 기생들이 부르던 「용천검」, 「관덕정 앞」 등의 창민요도 전래되고 있다. 주민들이 아직도 갈옷을 입고 다니는 등 읍성 안에는 조선시대 분위기가 그대로 남아 있다.

성곽에는 동문·서문·남문을 설치했는데, 그 모습은 『탐라순력도(耽羅巡歷圖)』에 잘 나타나 있다. 제주목사 이형상(李衡祥)이 1702년 10월 29일부터 11월 19일까지 21일 동안 제주도 일대의 고을들을 순력하면서 그 모습을 화공(畵工) 김남길(金南吉)에게 그리게 하고 자신이 그 밑에 보충 설명을 했는데, 정의읍성에는 3박 4일을 머물다가 정방폭포와 천지연폭포를 구경하러 떠났다.

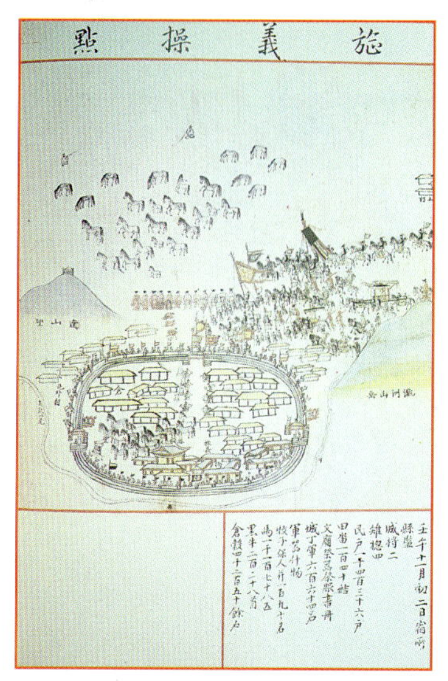

『탐라순력도』 가운데 「정의조점」

정의조점(旌義操點)　첫날인 11월 2일에는 남문 앞에서 군사들을 조련하고 말들을 점검했다. 남문에서 관아로 들어오는 큰길에는 비석들이 늘어서 있는데, 다른 고을에서 흔히 볼 수 있는 것처럼 현감들의 선정비이다. 목사가 머무는 객사 앞에는 말들이 매어져 있고, 군사들이 깃발도 정연하게 성을 둘러싸고 서 있다. 민호(民戶)가 1,436호라고 했는데, 읍성 밖에 읍외촌(邑外村)이 그려져 있어 백성들이 모두 성안에 살지는 않았던 것을 알 수 있다. 이날 창고에 있는 곡식도 점검했는데 4,250여 석이나 되었다고 한다. 『탐라지(耽羅誌)』가 편찬되고 50년이 지나는 동안 창고의 곡식도 그만큼 많이 늘어난 듯하다.

정의양로(旌義養老)　　11월 3일에는 객사에서 노인들을 불러다 잔치를 베풀었다. 객사는 향교와 창고 가운데 있었는데, 이형상 목사가 이곳에 자신의 숙소를 마련하고 경로 잔치까지 베풀었던 것이다. 이날 초대된 노인들은 90세 이상이 다섯 명, 80세 이상이 17명이었다. 『정의현지』 '풍속' 조에 "주민들 가운데 장수하는 이들이 많다(人多壽考)"고 하면서 "날씨가 늘 따뜻하다. 봄여름에는 독한 안개가 끼지만, 가을겨울에는 개인다"고 설명하였다. 정의읍성은 날씨가 따뜻해서 장수 노인들이 많았던 것이다. 이형상 목사는 이날 기생들을 불러다 춤추게 하고 풍악까지 잡히며, 노인들에게 흥겨운 잔치를 베풀었다.

정의강사(旌義講射)　　11월 4일에는 객사에서 유생들을 불러다 강(講)을 받았으며, 활도 쏘게 하였다. 정의현에서 관할하는 각 면의 훈장 다섯 명이 유생 166명을 데리고 와서 강했다. 또 각 면에서는 활쏘기를 가르치는 교사장(敎射長) 일곱 명이 사원 87명을 데리고 왔다. 이날 유생 166명을 강하고

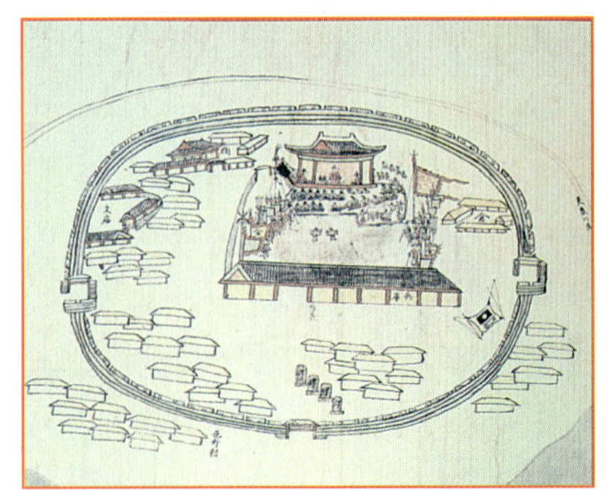

『탐라순력도』 가운데 「정의양로」 부분

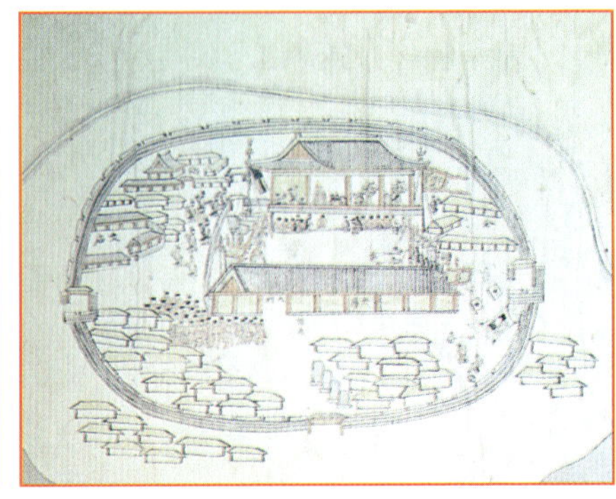

『탐라순력도』 가운데 「정의강사」 부분

87명을 활쏘게 했으니, 정의읍성은 하루 종일 잔치 분위기였다. 한가한 촌읍이던 정의읍성에 유생 복장의 선비가 들끓었으니 1, 2년에 한 번씩은 이런 행사가 있었음을 알 수 있다.

예전에 있던 건물들

정의현에는 여러 관청 건물이 있었다. 1652년에 편찬된 『탐라지』 「정의현」 '궁실(宮室)' 조에

객관 / 동헌
내아(객관 북쪽에 있다)
향소청(鄕所廳, 객관 서쪽에 있다. 좌수 한 명과 별감 두 명이 있다)
출신청(出身廳, 당시 다섯 명이었다)
무학청(武學廳, 당시 33명이었다. 이상 두 관청은 향소청에 붙어 있었다)
작청〔내아가 있었는데 기관(記官), 서원(書員), 지인(持印)이 같이 있었다〕

이 기록되어 있는데, 이것으로 보아 일곱 가지 관청이 다섯 건물에 들어 있었음을 알 수 있다. 또한 '창고(倉庫)' 조에는

사창(司倉, 현성 안에 있는데, 지금 창고에는 잡곡 1,409석이 남아 있다)
군기고(軍器庫, 객관 동쪽에 있다)

의 기록이 남아 있어 두 개의 창고가 읍성 안에 있었음을 짐작할 수 있다. 그밖에 '학교(學校)' 조에는

향교(현의 서쪽 성안에 있는데, 교생의 수가 66명이다)

에 관한 기록이 남아 있다. 이상이 읍성 안에 있던 공공 건물이다.

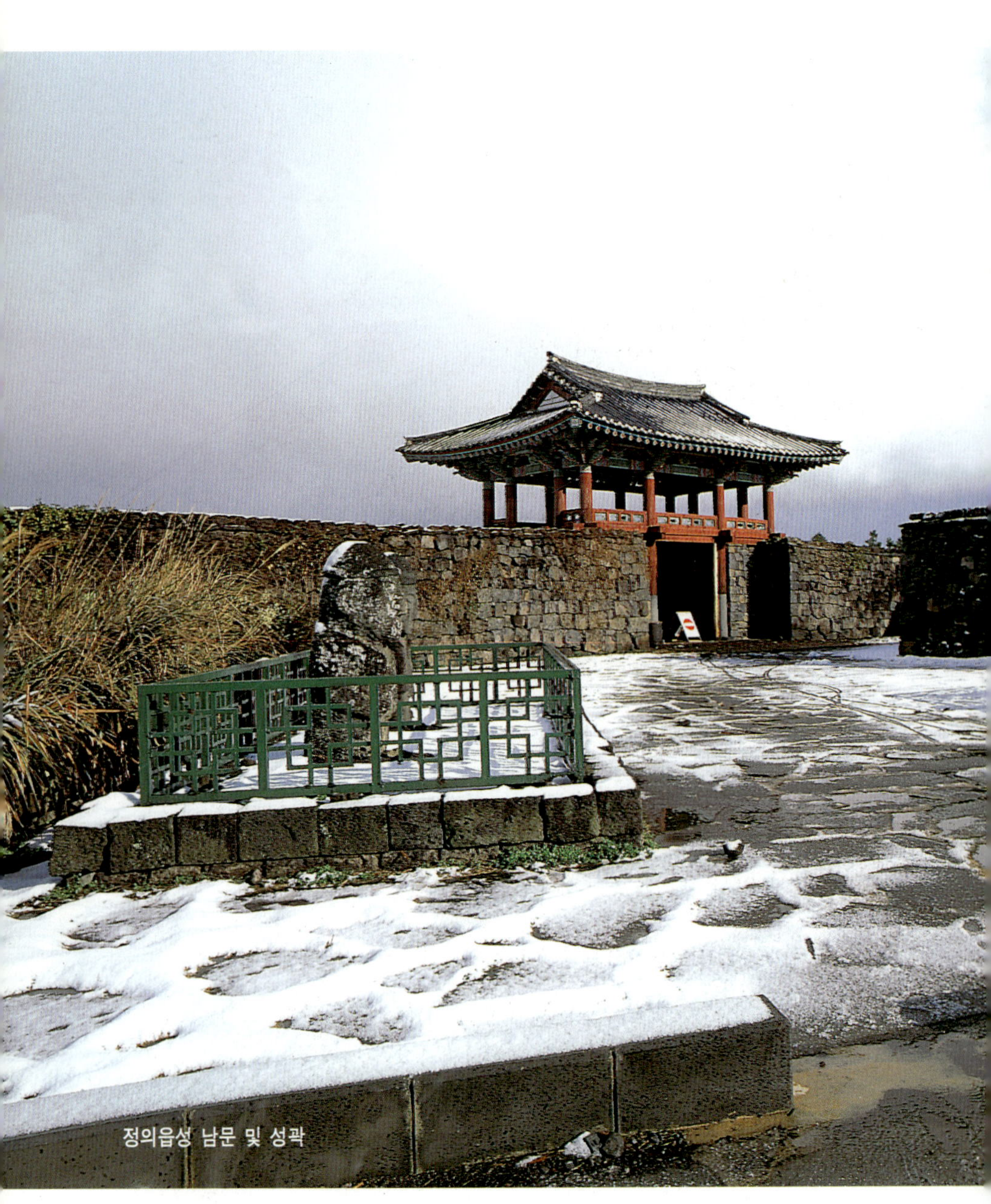

정의읍성 남문 및 성곽

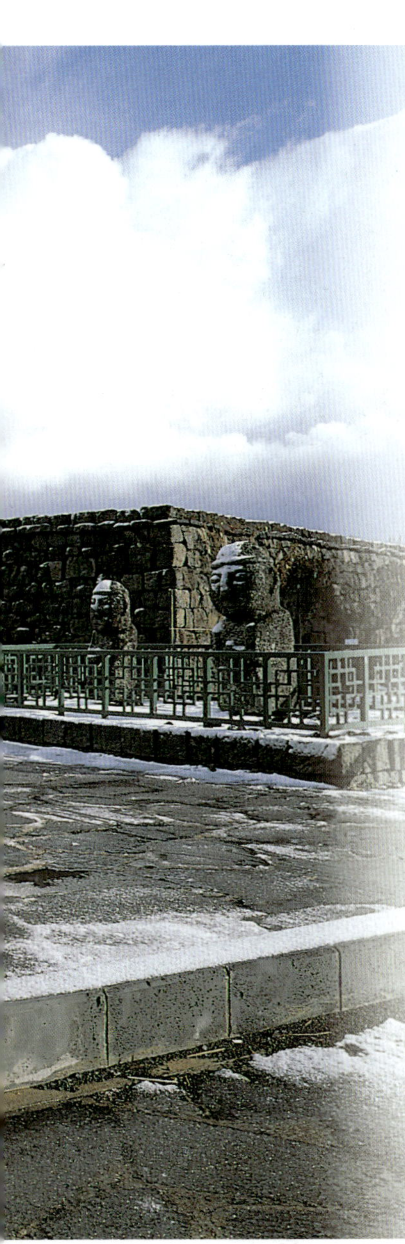

그밖에는 모두 민가가 들어찼는데, 지금도 조선시대의 모습을 보여 주는 민가들이 많이 남아 있다.

동문과 서문 사이로 큰길이 가로지르고, 그 북쪽에 관아와 객사, 향교가 들어섰다. 남문에서 관아 쪽으로도 큰길이 있는데, 읍성 안의 구조는 T자 형이다. T자의 위쪽에 관아와 객사가 들어섰던 것이다. 기록에 의하여 17세기 정의읍성의 구조와 지금의 구조를 비교해 보면, 거의 그대로이고 향교만 1849년에 지금의 위치로 옮겼다.

이렇게 많은 관아와 민가를 지키기 위해 정의읍성을 쌓았는데, 이 읍성의 규모에 대해 『탐라지』에서는 "(읍성은) 돌로 쌓았으며, 둘레가 2,986척, 높이가 13척이다"고 하였다. 성곽은 제주도에서 가장 구하기 쉬운 구멍이 숭숭 뚫린 현무암으로 쌓았다. 성곽뿐만 아니라 관아와 민가도 이 돌을 이용해 지었다.

읍성 어귀의 올리니못

읍성 위치를 정할 때에는 우물이 첫째 조건이었는데, 물이 귀한 제주도에서는 특히 우물이 소중했다. 『정의현지』 '성지(城池)' 조에 "성안에 우물 두 곳이 있는데, 생수(生水)가 아니다. 가뭄이 들면 성 남쪽 2리에 있는 큰 시내에서 물을 길어 온다"고 하였다. 읍성에 들어가면 대장간으로 쓰였던 고상은 가옥(중요민속자료 제72호)

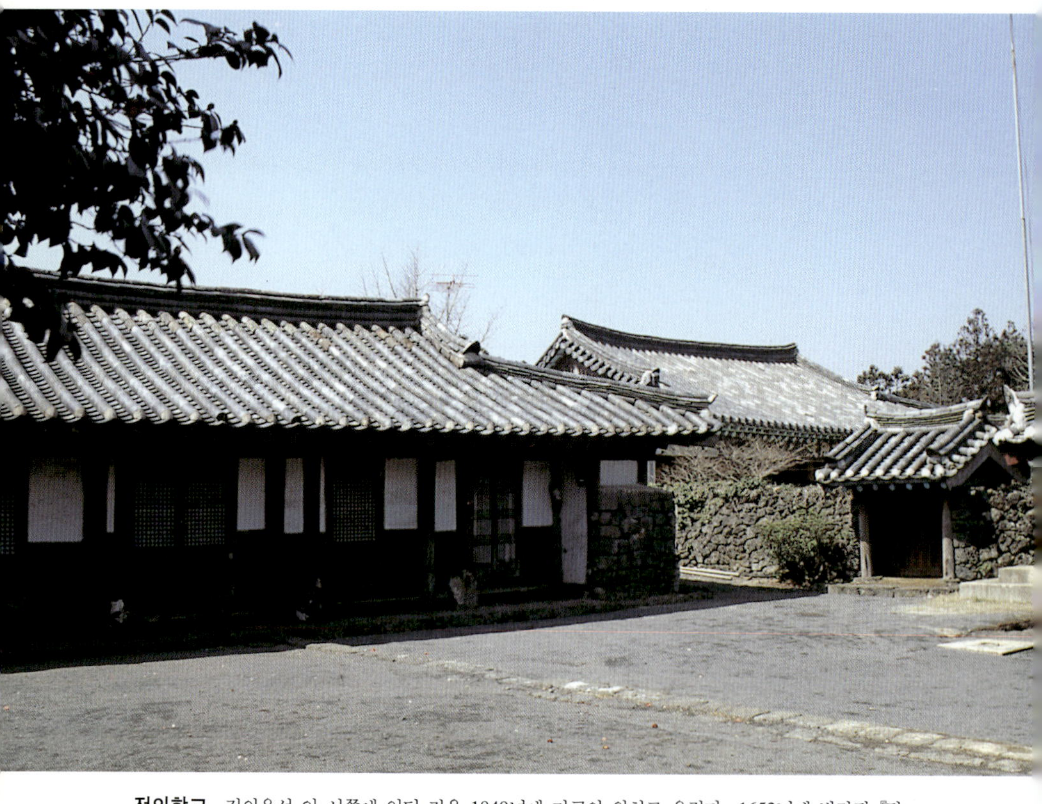

정의향교 정의읍성 안 서쪽에 있던 것을 1849년에 지금의 위치로 옮겼다. 1652년에 발간된 『탐라지』에 향교에 관한 기록이 남아 있다.

이 있고, 원님만 마셨다는 '원님물' 터가 이 집 맞은편에 있다.

읍성 어귀에 이르면 당시 식수로 쓰던 '올리니못'과 '시거니못'이 아직도 남아 있는데, 이 두 우물을 통해 정의읍성이 알맞은 자리에 세워졌음을 알 수 있다. 이제는 성읍마을에도 수도가 들어와서 올리니못은 농업용수로 쓰이고 있다.

돌하르방

정의읍성의 동문과 서문, 남문 앞에는 돌하르방(돌할아버지)이 각기 4기씩 모두 12기가 남아 있다. 현무암으로 만들어진 돌하르방은 제주읍성, 대정읍성, 정의읍성 문 앞에 모두 서 있어 고을을 지켜 주는 수문장 역할을 하고 있다. 그런데 성읍마을에서 이 돌하르방을 '벅수머리'라고도 부르는 것을 보면 육지의 장승 역할도 하고 있음을 알 수 있다. 영호남에서 장승을 '벅수'나 '벅시'라고도 부르기 때문이다.

제주도 세 지역의 돌하르방은 크기와 모습이 각기 다른데, 정의읍성의 돌하르방은 얼굴 모습이 둥글넓적하고 단정하다. 벙거지도 높지 않고 눈도 심하게 불거지지 않았으며, 입이나 귀도 크지 않은 편이다. 제주읍성의 돌하르방은 한쪽 어깨를 치켜들었는데, 정의읍성의 돌하르방은 양어깨가 가지

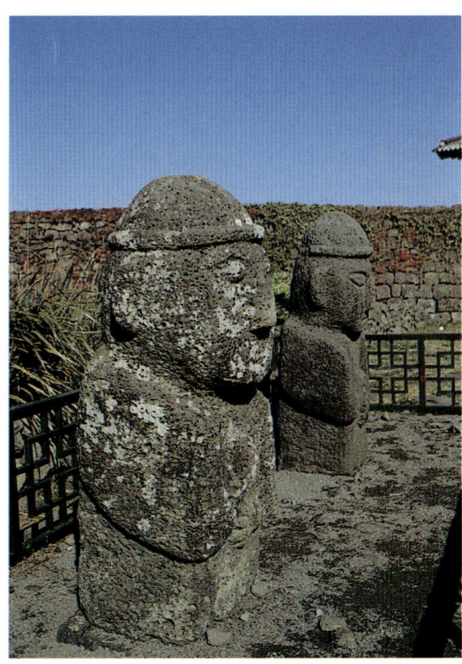

정의읍성 성문 앞 돌하르방 제주읍성, 대정읍성, 정의읍성 등 세 지역의 돌하르방은 크기와 모습이 각기 다른데, 정의읍성의 돌하르방은 얼굴이 둥글넓적하고 단정하며 양어깨가 가지런해서 얌전해 보인다.

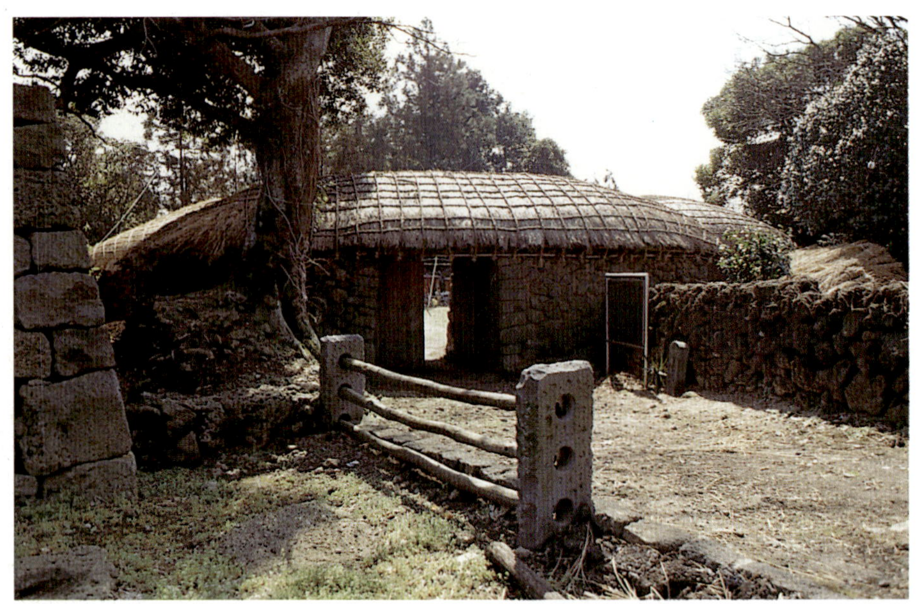

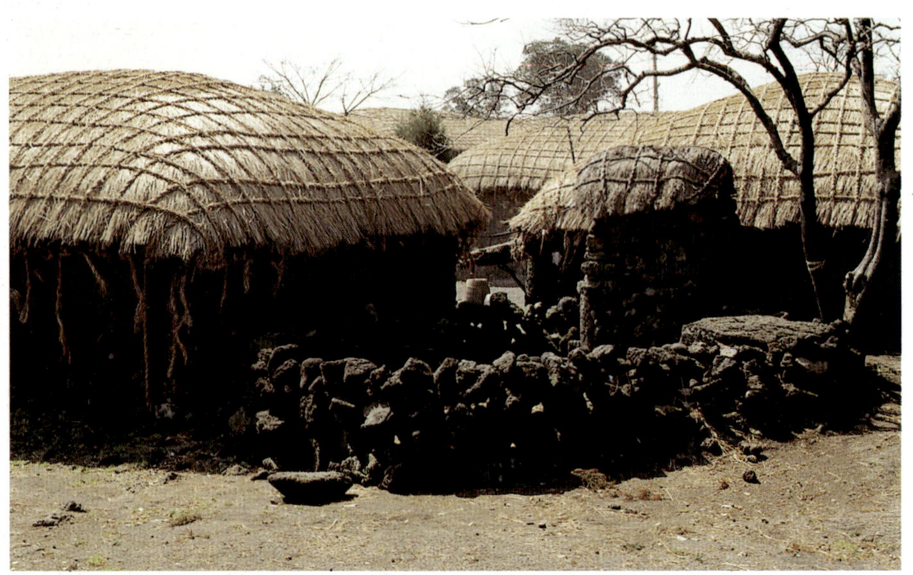

한봉일 가옥　제주도에는 아직도 띠지붕의 초가집이 많이 남아 있는데, 구멍이 숭숭 뚫린 현무암으로 쌓은 돌담과 시원하게 뚫린 올래를 특징으로 한다. (맨 위)

조일훈 가옥 돌담　객주를 운영했던 조일훈 가옥에는 건물 다섯 채가 마당을 둘러싸고 ㅁ자로 들어서 있다. 남문길에는 울타리를 두르고, 집으로 들어오는 골목인 올래는 없다. 제주도에서 흔한 현무암으로 돌담을 쌓았다. (위)

런해서 얌전하게 보인다. 얼굴의 길이가 평균 65.9센티미터에다 키는 평균 141.4센티미터로, 제주도 세 읍성의 돌하르방 가운데 중간 크기이다.

담수계(淡水契)에서 펴낸 『탐라지』에 "제주읍성의 돌하르방을 영조 30년 (1754) 목사 김몽규(金夢燁)가 세웠다"고 했는데, 늦어도 그때부터는 돌하르방이 제주도에 있었음을 알 수 있다. 그러나 읍성을 쌓으면서 수문장 역할의 돌하르방을 함께 세웠다고 생각한다면, 그 이전부터 있었을 수도 있다. 육지에서는 나무로 만든 장승이 이정표(里程標) 역할을 했는데, 이 장승이 제주도로 들어오면서 돌로 만들어지게 된 듯하다.

문루

돌하르방을 지나면 읍성의 문과 만나게 된다. 정의읍성에는 동문, 서문, 남문이 있었는데 다 무너진 것을 최근에 복원하였다. 『탐라순력도』에는 남문이 문루 모습으로 그려져 있는데, 『정의현지』 '누정(樓亭)' 조에도 "신루 (新樓) : 남쪽 성문의 누(樓)이다"라고 하였다. 따로 이름이 남아 있지는 않지만 당시에 새로 지은 문루였음을 알 수 있는데, 최근에 읍성을 복원하면서 2층 문루로 복원하였다.

선정비

읍성에 들어가면 흔히 선정비를 만나게 되는데, 『탐라순력도』를 보면 남문에서 객사까지 가는 큰길가에 선정비들이 늘어서 있었다. 지금은 이 선정비들이 향교 앞으로 옮겨져 있는데, 현감들의 선정비가 10여 기 남아 정의 읍성의 500년 역사를 말없이 증언하고 있다.

객사가 있던 자리에는 성읍국민학교가 들어섰다가 지금은 없어졌는데, 객사 이웃에서 객줏집으로 쓰이던 조일훈 가옥 돌담에는 「참봉이기선휼궁비 (參奉李奇善恤窮碑)」가 아직도 그대로 박혀 있다. 객사 자리 뒤에도 「채수 강군수청덕기념비(蔡洙康郡守淸德紀念碑)」가 남아 있어, 남문에서 객사로 들어오던 큰길이 비석 거리였음이 입증된다.

동헌

  남문에서 큰길을 따라 들어가다 보면 북서쪽에 동헌이 있다. 수령(樹齡)
이 천년이나 된 20여 미터 높이의 느티나무가 서 있어 오래된 관가 터임을
알 수 있는데, 제주도 말로 '굴무기낭'이라고 불리는 이 느티나무는 천연기
념물 제161호로 지정되어 있다. 정의읍성의 관아 가운데 지금 남아 있는 것
은 1443년에 처음 지은 동헌뿐이다.
  동헌의 이름은 일관헌(日觀軒)인데, '해를 본다'는 뜻이다. 정의현이 원

일관헌 정의읍성의 동헌으로 쓰였던 건물이다. 1975년 새로 단장하면서 전통적인 관아의 분위기
를 잃어버렸지만 넓은 마당과 돌담 그리고 주변의 오래된 나무들이 옛 분위기를 이끌어낸다.

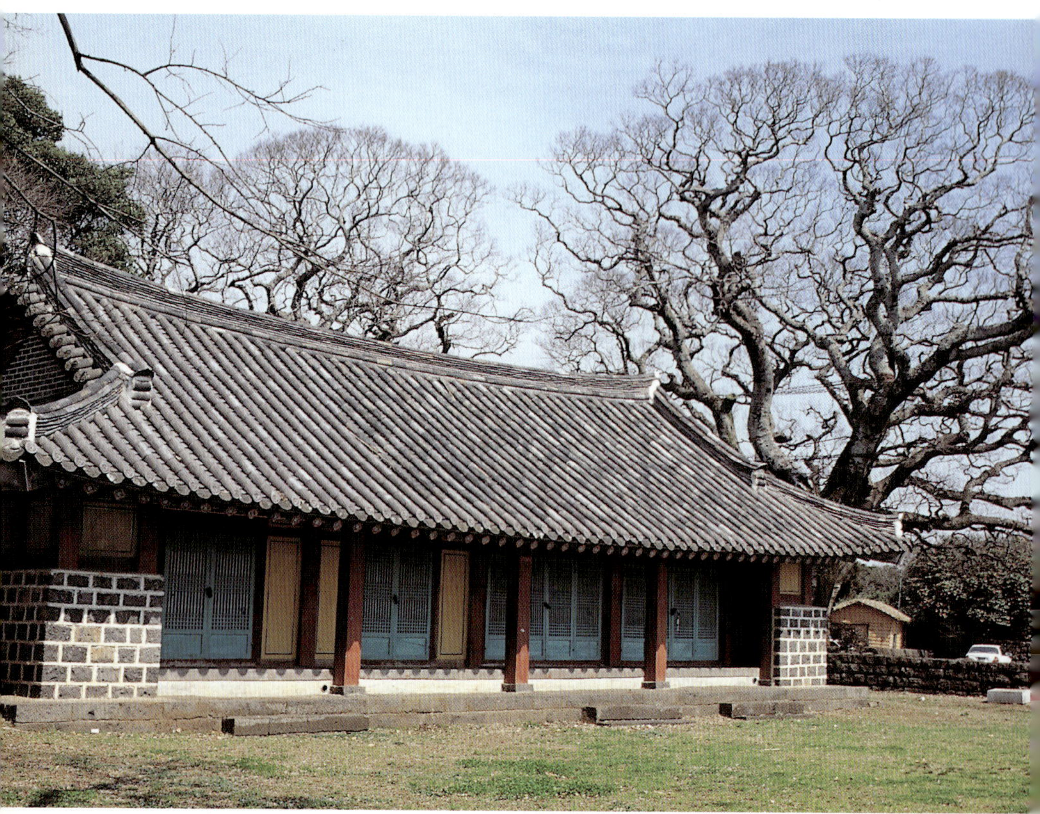

래 제주도에서도 가장 동쪽인 일출봉(日出峰) 가까이 있었으므로, 동헌 이름을 '일관헌'이라고 지었다. 제주도 유형문화재 제7호이다. 1898년에 중수한 뒤 1914년 조선총독부가 전국의 부군을 통폐합하면서부터 면사무소로 사용하였는데, 높은 기둥을 잘라내고 기단도 낮춰 옛 모습이 많이 손상되었다. 특히 1975년 새롭게 단장하면서 기둥을 콘크리트로 만들고 칸살이를 4칸으로 하여 전통적인 관아의 분위기를 잃어버렸다. 가운데 2칸은 마루이고 양쪽 2칸은 온돌방이며, 앞에 우물마루를 깔았다.

새로 고친 동헌 건물보다도 넓은 마당과 돌담 그리고 주변의 오래된 나무들이 옛 제주도 관아의 분위기를 느끼게 한다. 약간 떨어진 서낭당 주변에는 느티나무 정도 높이의 팽나무 여섯 그루가 그늘을 드리우고 있는데, 제주도 사람들은 '폭낭'이라고 부른다. 일관헌 주변에는 이밖에도 오래된 나무들이 많은데, 관원(官員)들이 손대지 못하게 한 탓에 오래 살아남을 수 있었다.

전통 가옥

정의읍성 안에는 아직도 띠지붕의 초가집이 많이 남아 있다. 구멍이 숭숭 뚫린 현무암으로 쌓은 돌담과 시원하게 뚫린 올래(골목길, 집으로 들어가는 길) 사이로 다른 지방에서는 찾아볼 수 없는 초가집들이 마을을 이루고 있다. 1973년 조사에 의하면, 216개의 울타리 안에 초가만 168호(戶)나 되어 전체 가구 수의 78퍼센트에 이른다. 그러나 일관헌이나 향교 말고, 기와집은 하나도 남아 있지 않다. 나머지는 함석이나 슬레이트지붕이 섞여 있는 상태이다.

제주도의 농가는 안거리(안채)와 밖거리(바깥채) 두 채로 이루어진 경우가 많은데, 이를 두거리집이라 한다. 부속채인 모커리가 가로세워진 집들이 더러 있다. 아들이 살림을 차려 부자가 한 집에 살 경우에는 아들에게 안거리를 내주고 밖거리에 나와 살았는데, 이런 경우에는 한 울타리 안에 건물이 서너 개 되는 수도 있었다. 그래서 216호 가운데 건물 두 채가 있는 집

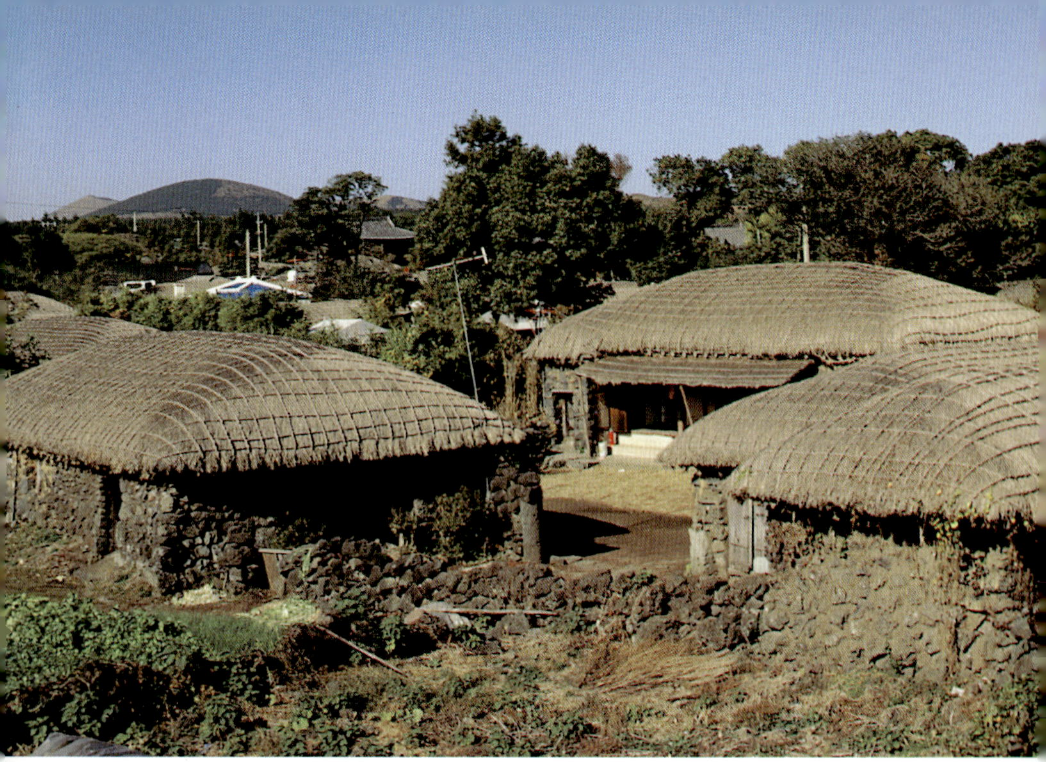

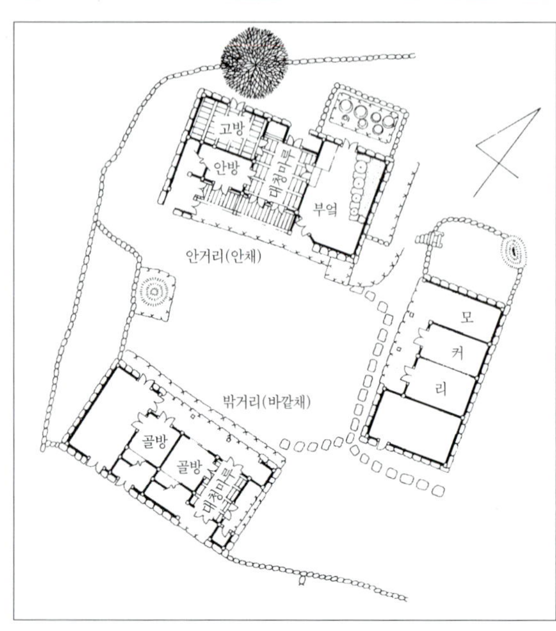

고평오 가옥 정의현 관원들의 숙소로 썼다는 고평오 가옥은 325평 대지에 안거리, 밖거리, 모커리가 ㅁ자로 앉았던 집인데 서쪽에 있던 모커리가 1970년대 중반에 헐리는 바람에 ㄷ자가 되었다. (위)
고평오 가옥 평면도(왼쪽)

이 77호나 되고, 세 채가 있는 집이 71호나 되는 등, 전체의 70퍼센트 정도가 한 울타리 안에 두세 채의 집이 들어서 있다.

읍성 안의 건물 가운데 다섯 채가 국가 중요민속자료로 지정되어 있고, 김순생 가옥 등 다섯 채가 제주도 민속자료로 지정되어 있다. 객사였던 성읍초등학교 터 남쪽에서 객주를 운영했던 조일훈 가옥(중요민속자료 제68호)에는 말이나 소에게 물을 먹이던 돌구유 몇 개가 마당 구석에 놓여 있고 안거리나 밖거리, 모커리, 창고, 이문간(대문간) 등 건물 다섯 채가 마당을 둘러싸고 ㅁ자로 들어서 있다. 창고 자리에는 원래 조일훈 씨 할아버지가 설치한 물방에(연자매)가 있었는데, 물방에를 개인이 소유한 경우는 드물었으므로 부잣집이었음을 알 수 있다. 남문길에는 울타리를 둘렀는데, 집으로 들어오는 골목인 올래는 없다.

정의현 관원들이 숙소로 썼다는 남문 길가의 고평오 가옥(중요민속자료 제69호)은 325평 대지에 안거리, 밖거리, 모커리가 ㅁ자로 앉았던 집인데, 서쪽에 있던 모커리가 1970년대 중반 헐리는 바람에 ㄷ자가 되었다. 집 입구에는 원님만 마셨다는 '원님물'의 자취가 남아 있고, 밖거리 뒤에 텃밭인 우영이 있다. 고평오 씨가 살림을 차리게 되자, 그의 아버지가 밖거리로 옮기고 안거리를 아들에게 내주었다. 돼지우리와 함께 있어 당시에는 중요한 소득원이던 통시(변소)도 두 군데 마련하여 부자가 따로 썼다고 한다.

정의향교 옆에는 여인숙이었던 이영숙 가옥(중요민속자료 제70호)이 있는데 안거리와 헛간채에 상방, 구들, 정지(부엌), 고팡(고방)이 있는 전형적인 3칸 집이다. 두 짝 열개 널문이 있는 정지 앞에는 물구덕을 얹어 두는 물팡돌이 남아 있다. 이문간이나 정낭도 없이, 좁고 긴 골목인 올래를 따라 집으로 들어가게 되어 있다.

신당

제주도 사람들은 항상 바다와 생활해 왔기 때문에 죽음을 가깝게 느낄 수밖에 없었다. 그러다보니 신을 믿게 되었고, 신을 모신 신당도 많았다.

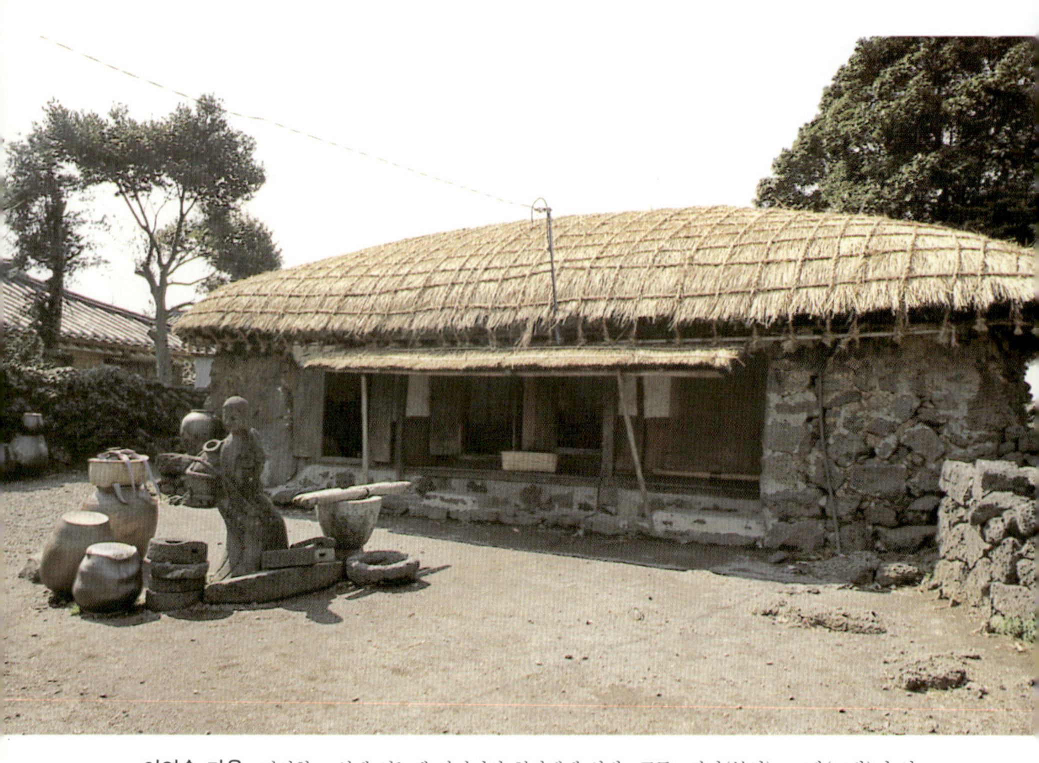

이영숙 가옥 정의향교 옆에 있는데 안거리와 헛간채에 상방, 구들, 정지(부엌), 고팡(고방)이 있는 전형적인 3칸집이다.

두거리집의 경우 안거리와 밖거리에 각각 상방, 구들, 정지, 고팡을 두었는데, 안거리에서만 조상의 제사를 지내고(상방―문전신) 제사를 준비하며(정지―조왕신) 제사용 제수를 보관한다(고팡―안칠성).

예전 성읍마을에는 신당이 스무 곳 남짓 있었는데, 지금은 거의 뜯겨 없어지고 본향당인 안할망당, 뱀을 받드는 일뤳당, 어린이들의 병을 다스린다는 개당과 문호당, 마소를 관장한다는 쉐당만 남아 있다.

안할망당은 정의읍성 한복판인 일관헌 옆에 있는 성읍의 본향당이다. 예전에는 팽나무를 신목으로 삼아 돌을 쌓아서 제단을 차렸는데, 지금은 서쪽 돌담 너머로 옮겼다. '현해수호신(縣海守護神)'이라는 위패를 모셨는데,

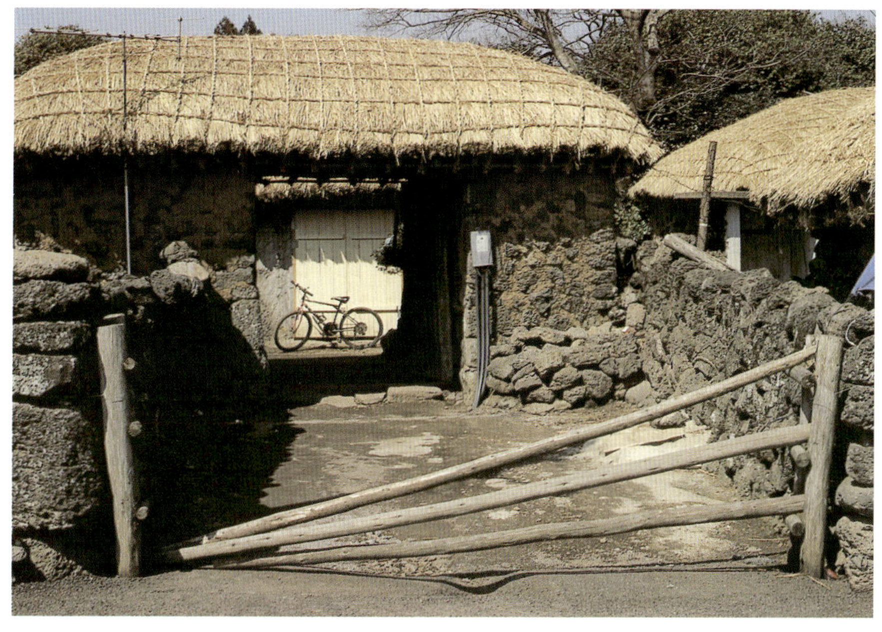

정낭 집 밖으로 통하는 대문의 구실을 한다. 담과 담 사이에 가로로 나무를 꽂아 동물의 출입을 막는 구실도 한다.

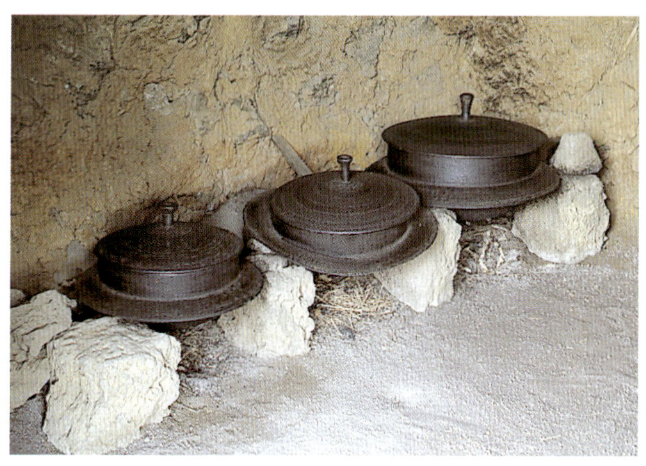

정지 제주도는 비바람이 심해 정지에서 취사뿐 아니라 식사와 작업까지 하였으므로 집안에서 가장 넓은 공간이었다. 화덕은 보통 서너 개인데, 솥의 크기에 따라 두말치(행사용), 외말치(술이나 떡), 밥솥, 국솥으로 배열하였다.

세종 5년(1423)에 진사리로 정의읍성이 옮겨 오면서 초대 현감이 현의 수
호신으로 모셨다는 설명이 있다. 해마다 정초가 되면 성읍마을 주민들이 신
수를 관장하는 안할망을 찾아가서 치성을 드리고 기원한다.

물방에(연자매)

제주도의 경작지는 밭과 논의 비율이 49:1이어서, 보리나 조와 같은 밭곡
식을 찧고 빻는 연자매가 육지의 농촌 지역보다 발달했다. 제주도에서는 연
자매를 물방에라고도 했는데, 말을 이용한 맷돌 또는 방아라는 뜻이다.

연자매를 만들려면 많은 비용과 인력이 들기 때문에, 이웃간에 계를 조직
하고 쌀이나 현금을 마련했다. 성읍마을 가까이에 큰 돌이 많아서, 모슬포
에서 석수를 불러다 품삯을 주고 연자매를 만들었다. 연자매를 만들 때에는
웃돌과 알돌로 사용할 커다란 돌덩이를 산이나 냇가에서 골라 1차 다듬은
뒤에 마을 안으로 굴려 들여오면서 노동요를 불렀는데, 1980년 전국민속예
술경연대회에서 남제주군 안덕면 덕수리 주민들이 「방앗돌 굴리는 노래」를
불러 대통령상을 받기도 했다.

계원들이 모두 이용하기 편리한 곳에 초가집으로 물방엣집을 지었는데, 공
동으로 작업하였다. 연자매를 함께 쓰는 계원들은 혼사나 장례를 치를 때에
쌀을 모아서 도왔다. 이러한 계를 물방엣접이라고 했다.

1974년에 제주도 아홉 마을의 연자매를 조사한 적이 있었는데, 2,604가
구에 연자매가 90개 있었다. 28.9가구당 하나씩 있었던 셈이다. 이때까지만
해도 성읍마을에는 272가구에 16개가 남아 있어 평균 17가구당 하나씩 쓰
고 있었다. 그러나 정미소가 들어서면서 연자매는 거의 다 없어졌다. 현재
성읍마을의 연자매는 다 철거되고, 일관헌 뜰 구석에 전시용으로 하나가 있
을 뿐이다.

낙안읍성(민속마을)

낙안읍성은 전라남도 순천시 낙안면 동내리, 서내리, 남내리에 걸쳐 있는 평지성이다. 1397년에 왜구가 침입하자 이 고장 출신 김빈길(金贇吉)이 의병을 일으켜 토성을 쌓고 물리쳤다. 『세종실록』「지리지」에 "낙안읍성은 돌로 쌓았는데 둘레가 592보"라고 했으니, 그 사이에 돌로 고쳐 쌓은 듯하다. 그뒤 인조 4년(1626)부터 6년까지 낙안군수로 재임했던 임경업(林慶業) 장군이 고쳐 쌓았다.

1899년에 편찬된 『낙안읍지(樂安邑誌)』 '방리(坊里)' 조에 "읍내면은 주위를 도는 데 3리이고, 편성된 호수는 115호이다. 인구는 남자가 285명이고,

낙안군지도 부분 1872년(고종 9), 112×68센티미터, 서울대학교 규장각 소장.

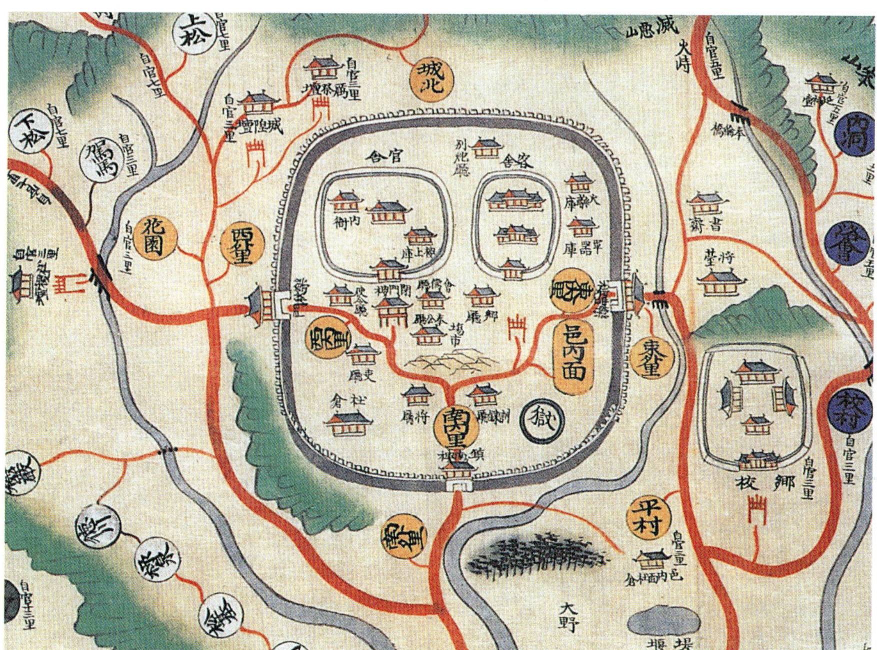

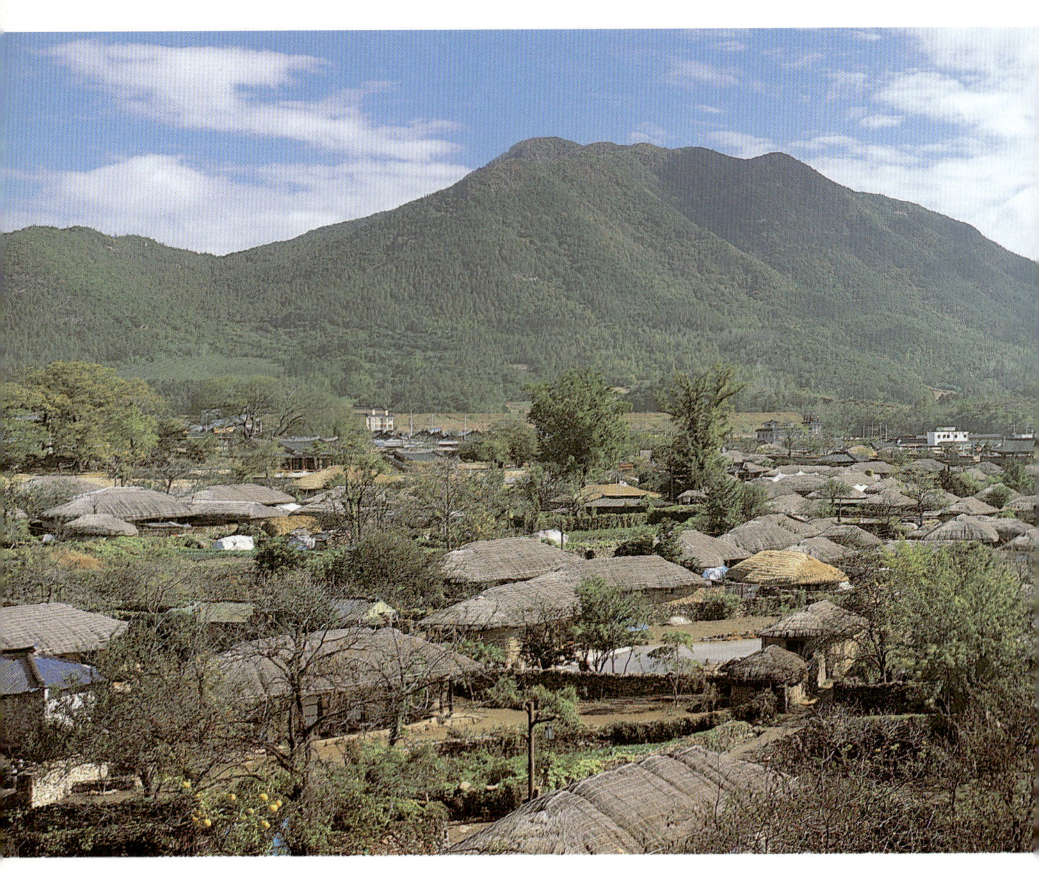

여자는 196명이다"고 하였다. 1983년에 사적 제302호로 지정되어 복원 사업이 추진되었으며, 현재 성안 4만 1,018평과 성밖 2만 6,472평이 민속마을로 보호받고 있다. 성벽 안팎에 민가가 들어서, 성벽이 마을의 일부처럼 되어 있다. 실제로 성벽을 담으로 쓰는 집들도 많다. 전시용으로 복원된 민속촌이 아니라, 주민들이 조선시대의 세시풍속과 통과의례를 지키면서 실제로 생활하고 있는 낙안읍성은 우리나라에서 유일하게 살아 있는 읍성이다. 초가집과 돌담으로 둘러진 고샅(골목길)을 들어서면 조선시대로 돌아간 느낌이 든다.

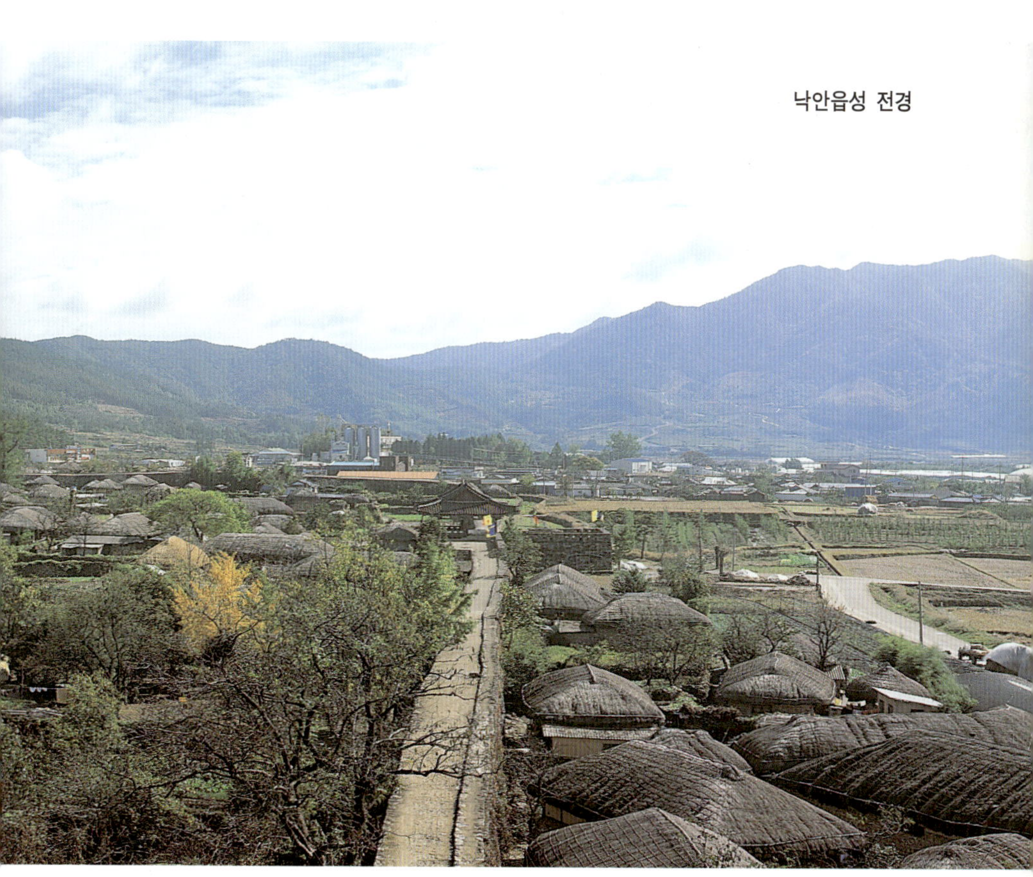

임진왜란 중에는 군수와 군사들이 관아를 비우고 충무공을 따라 해전에
참가했는데, 그 사이 일부 주민들이 관아를 습격하여 노비 문서를 불태웠다
고 한다. 또한 정유재란 중에는 퇴각하던 왜군들이 낙안에 집결하여 목책을
치고 장기전을 펼쳤는데, 많은 민가가 불에 타고 주민들이 피란길에 올라
읍성이 한때 폐허가 되기도 했다.

동학혁명 때에도 고흥, 보성, 순천 일대의 동학군들이 모여 피해가 컸다.
읍성을 점령한 동학군은 이교청(吏校廳)에 들어가 평소에 농민들을 수탈하
던 아전들을 징계하였다. 불탄 집이 194호나 되었고, 빼앗긴 소가 55마리,

빼앗긴 재물이 50여 바리나 되었다.

낙안읍성에는 동문, 서문, 남문이 있어 이 문들을 통해 바깥과 이어지고, 읍성 안에서도 이 문들을 이어 주는 길이 가장 큰길이다. 지금은 읍성 동쪽에 주차장과 상가가 마련되어서 동문으로 많은 사람들이 드나들지만, 본래 읍성의 구조로 보면 남문이 정문이다. 남문으로 들어서면 읍성 가운데로 큰길이 뚫려 있고 한가운데 시장을 지나면 읍성의 중심이라고 할 수 있는 객사가 있다. 동문에서 서문으로 이어지는 큰길이 바로 이곳에서 만난다. 낙안읍성의 내부는 북문이 없는 T자 구조로 되어 있다. T자 위쪽에 객사와 동헌을 비롯한 관아들이 남향해 들어섰고, 아래쪽에는 시장과 민가가 들어섰다. 옛 지도를 보면 이러한 구조가 더욱 분명해진다.

이 큰길을 따라 민가가 형성되었으며 출입문에 따라 동내리, 서내리, 남내리 세 마을로 이루어졌다. 1983년 6월 14일 사적으로 지정되기 전에는 200여 호에 800여 명이 살았는데, 사적지로 지정되면서 불량 가옥을 철거하여 현재는 108호에 300여 명이 살고 있다.

낙안군은 옥녀산발형(玉女散髮形) 지세인데, 읍성은 행주형(行舟形)이다. 사람과 재물을 가득 싣고 출발하려는 배를 묶어 두었다는 뜻인데, 배가 갖추어야 할 여러 가지를 갖추고 있으면 그 지역이 흥하게 된다고 여겼다. 서내리 대숲은 뱃머리를, 읍성 한가운데 서 있는 은행나무(지방기념물 제133호)는 떠나가는 배의 중심인 돛을 상징하였다. 성곽 주위에 수백 년 된 나무들이 32그루 있고 그 가운데 15그루는 기념물로 지정되어 있는데, 이 나무들은 키[舵]와 노(櫓) 역할을 한다. 깊은 우물을 파면 배 밑이 뚫려 가라앉게 되므로 고을이 쇠하게 된다고 여겼다. 그래서 예부터 읍성 안에서는 우물을 깊게 파지 않고, 배 안에 고인물(샘)을 퍼내 썼다.

성곽

『낙안읍지』에 "읍성은 돌로 쌓았는데 둘레가 1,590척이며, 높이가 8척이다. 치첩(雉堞)이 660, 옹성이 6, 못이 하나 있다"고 하였다. 거의 원형 그대로 남아 있던 성곽을 1987년부터 복원 수리했는데, 남서쪽은 언덕 위에 성곽을 쌓아서 저절로 높아졌다. 『문종실록』에 "성의 높이가 평지는 9척 5촌이고 높은 곳은 8척 5촌"이라고 한 것으로 보아 언덕 위는 조금 낮게 쌓았음을 알 수 있다. 비교적 낮은 곳에 위치한 남문과 동문 사이에는 치성(雉城)이 동문에서 북쪽으로 두 군데 있다.

동문에서 남문으로 이어진 성곽이 가장 잘 보존되어 있으며, 학교가 있던 북쪽 성곽이 가장 많이 허물어졌는데, 1미터 정도 높이로 나지막하게 이어진 곳도 있다. 남문과 서문도 무너진 상태에서 돌무더기가 쌓여 있었는데, 복원 공사를 통해서 옛 모습을 되찾았다.

임경업 장군이 15세에 축지법을 써서 하루아침에 성을 쌓았다는 전설이 주민들 사이에 전할 만큼, 이 마을 사람들의 임경업 장군에 대한 존경심은 각별하다. 다른 읍성은 주민들이 돌을 빼내 가는 바람에 많이 무너진 것에

성벽을 오르는 계단 고샅을 걷다가 층계를 만나면 성벽에 올라갈 수 있는데, 성벽 위에서 보는 읍성은 초가집과 오래된 나무들로 가득 차 있어 고향에 온 듯한 느낌이 든다.

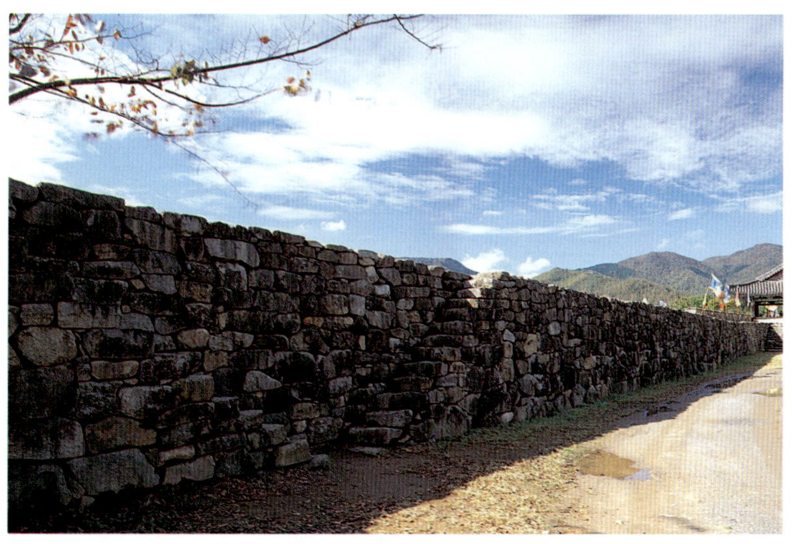

비해 낙안읍성이 옛 모습을 오랫동안 지니고 있는 것 역시 임 장군에 대한 존경심 때문이다.

성곽의 길이는 남쪽이 460미터, 북쪽이 340미터, 동쪽과 서쪽이 각기 310미터로 모두 1,410미터이다. 높이는 평균 4.2미터, 폭은 위쪽이 3~4미터, 아래쪽이 7~8미터인데, 커다란 돌로 넓게 쌓다가 위로 올라갈수록 폭이 좁아지면서 작은 돌로 쌓았다. 돌과 돌 사이에는 작은 돌로 쐐기박음을 하였다. 성곽이 민가의 담장 구실도 하고 있는데, 곳곳에 민가나 고샅으로 오르내리는 층계가 있다. 고샅을 걷다가 층계를 만나면 성벽에 올라갈 수 있는데, 성벽 위에서 보는 읍성은 초가집과 오래된 나무들로 가득 차 있어 고향에 온 듯한 느낌이 든다. 성곽 남서쪽 작은 언덕에 있는 대숲이 바람을 막아 주어 성안의 분위기가 한결 아늑하다.

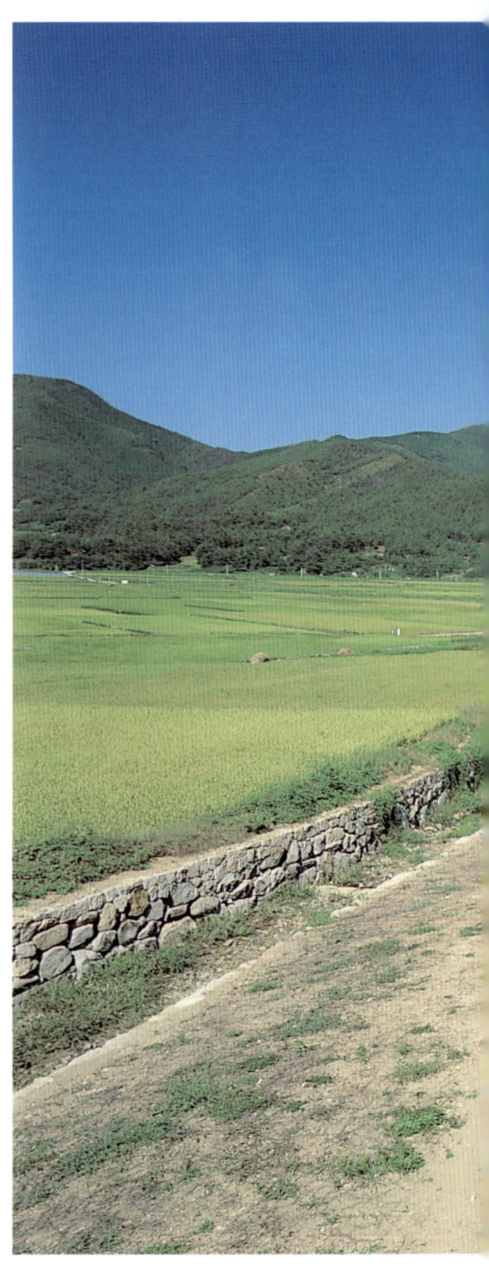

낙안읍성 성곽 성곽의 길이는 남쪽이 460미터, 북쪽이 340미터, 동쪽과 서쪽이 각기 310미터로 모두 1,410미터이다. 성곽이 민가의 담장 구실도 하고 있으며, 그 너머에는 해자가 둘러 있다.

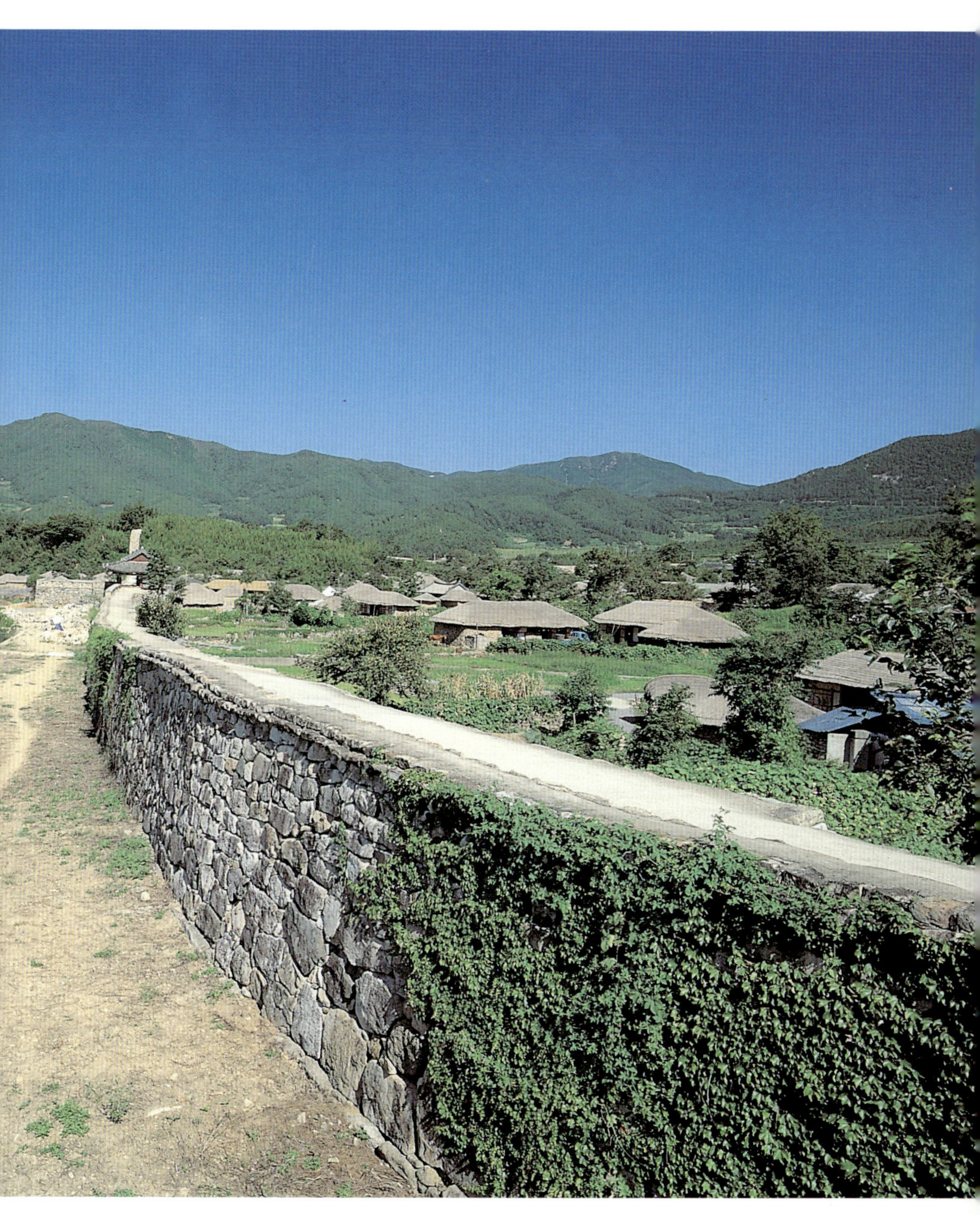

석구

읍성에 들어오면서 가장 먼저 만나는 것이 바로 석구(石狗)이다. 예전에는 동문 밖 해자를 건너는 돌다리 앞에 돌로 만든 개 세 마리가 있었다. 읍성 동쪽에 있는 멸악산(滅惡山)은 고개가 가파르고도 험하며, 산세가 모질어 읍성의 기운을 압박하고 지리를 방해한다고 믿었다. 그래서 그 산의 악한 기운을 없애기 위해 이름을 '멸악산' 이라 짓고, 산꼭대기에 절을 지어 멸악사라고 했으며, 나쁜 기운을 누르기 위해 석구 세 마리를 만들어 동문을 지키게 했다. 지금은 두 마리가 남아 있다. 삽살개 모습인데, 무섭다기보다는 익살스러운 표정이다.

석구와는 별도로, 동문 입구에는 길을 알려 주고 성을 지키는 벅수(장승)

석구 읍성 동쪽에 있는 멸악산의 나쁜 기운을 누르기 위해 만들어졌다. 예전에는 세 마리가 있었지만 지금은 두 마리가 남아 있는데 무섭다기보다 익살스런 표정이다.

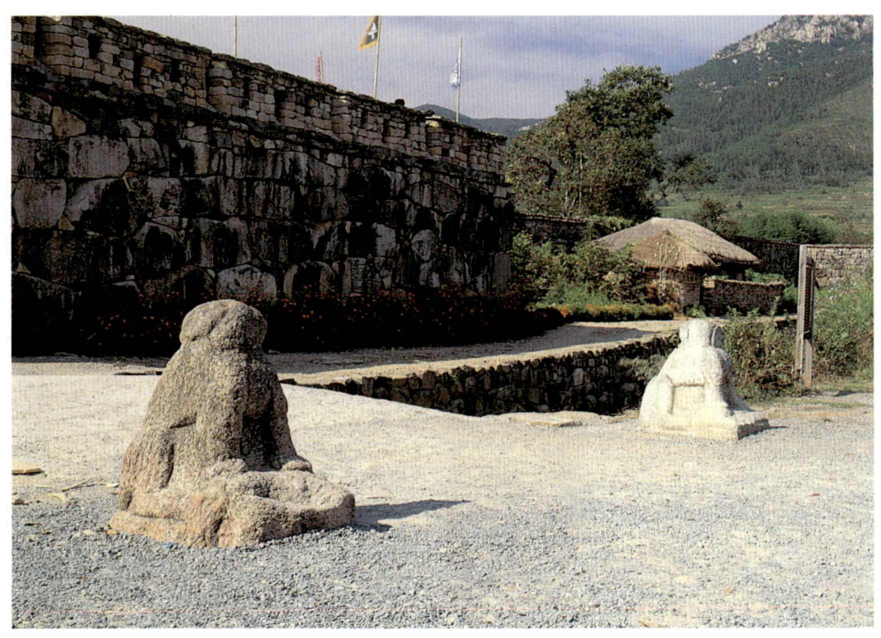

와 짐대(솟대)가 서 있다. 예전에는 벅수들이 즐비하게 서 있어 '벅수 거리'라고 했으며, 해마다 정월이면 훼손된 벅수를 새로 깎아 세우고 장승제를 지냈다.

해자

읍성 동쪽 성곽에서 남쪽 일부까지 해자를 파고 돌로 쌓았다. 읍성 북쪽에 있는 금정산 동쪽 계곡의 물이 이 해자를 따라 흐르다가, 남문 앞으로 빠져 들판을 지나 바다로 들어간다. 너비 3미터, 깊이 1.5~2미터이다. 처음에는 동쪽 성곽을 따라 곧게 평촌 마을 앞으로 흘렀는데, 물난리가 나서 물길을 남쪽 성곽 쪽으로 돌렸다고 한다. 풍수지리적으로는 청룡의 기가 너무 세 아전들의 텃세가 심해지자, 이들의 힘을 분산시킬 목적으로 해자의 물길을 돌렸다고 한다. 한편으로는 낙안읍성 안에 물이 귀하기 때문에, 물을 오래 가두어 두기 위해 물길을 돌렸다고도 한다.

평석교

동문 앞에 돌다리〔平石橋〕가 있는데, 이 다리를 건너 읍성 안으로 들어간다. 해자 위에 장대석을 가로질러 놓고, 돌판을 맞춰 끼운 것이다. 예전에는 정월 대보름날 자기 나이대로 이 다리를 건너면 일년 내내 다리가 아프지 않고 건강하게 지낼 수 있다고 해서, 다리밟기를 하던 곳이다. 본래의 돌다리는 1961년 사라호 태풍 때에 떠내려갔는데, 읍성을 복원할 때 다시 놓았다.

낙풍루

읍성의 동문인데 순조 34년(1834) 진사 김호언이 사재 1,400냥을 들여 중건하였다. 문루는 무너지고 성벽 사이로 터만 남아 있었는데 1987년에 복원하였다. 읍성의 문은 대개 돌로 쌓은 홍예문 위에 초루를 세웠는데, 낙풍루(樂豊樓)와 쌍청루(雙淸樓)는 관아의 외삼문처럼 나무 기둥으로 2층

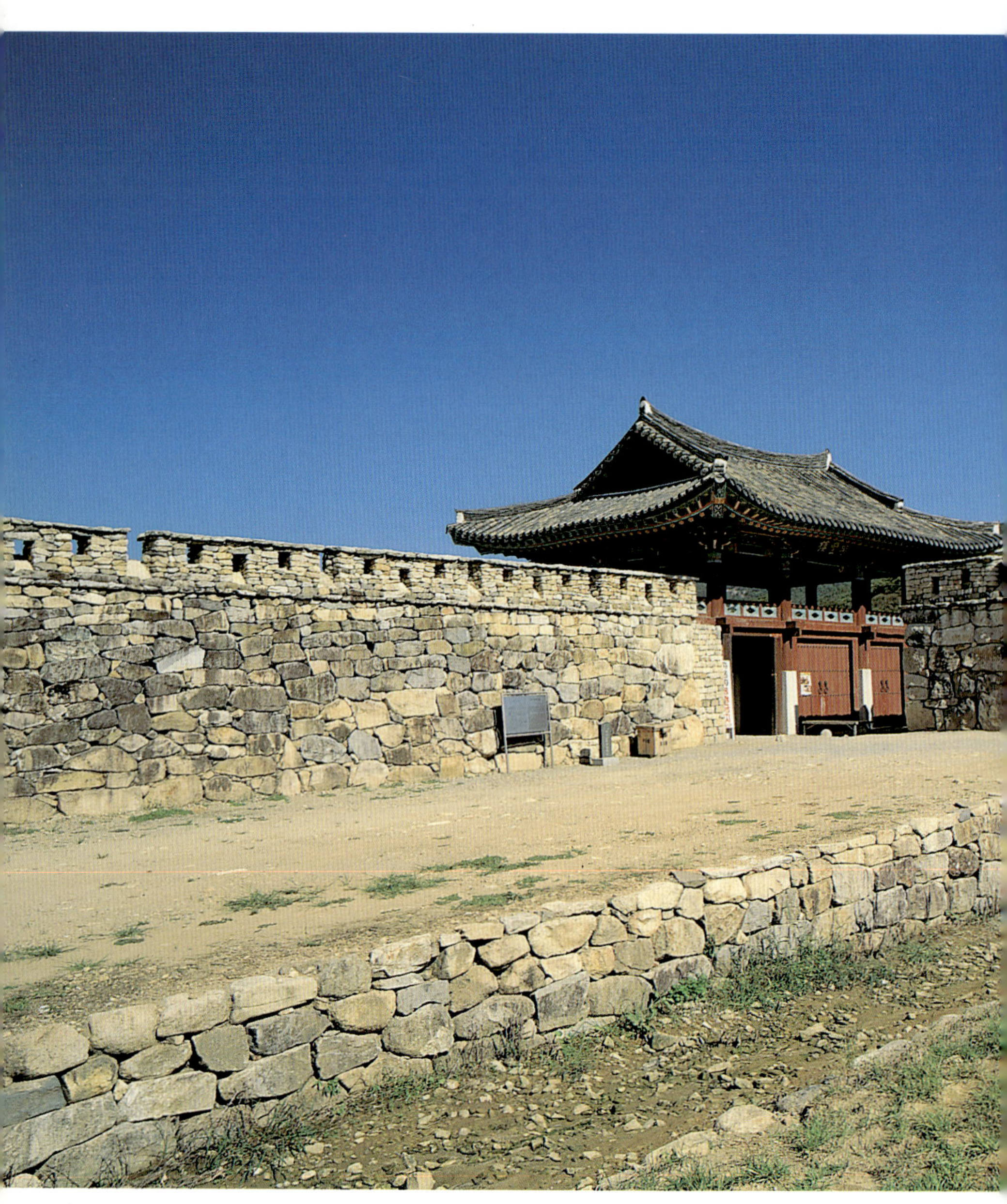

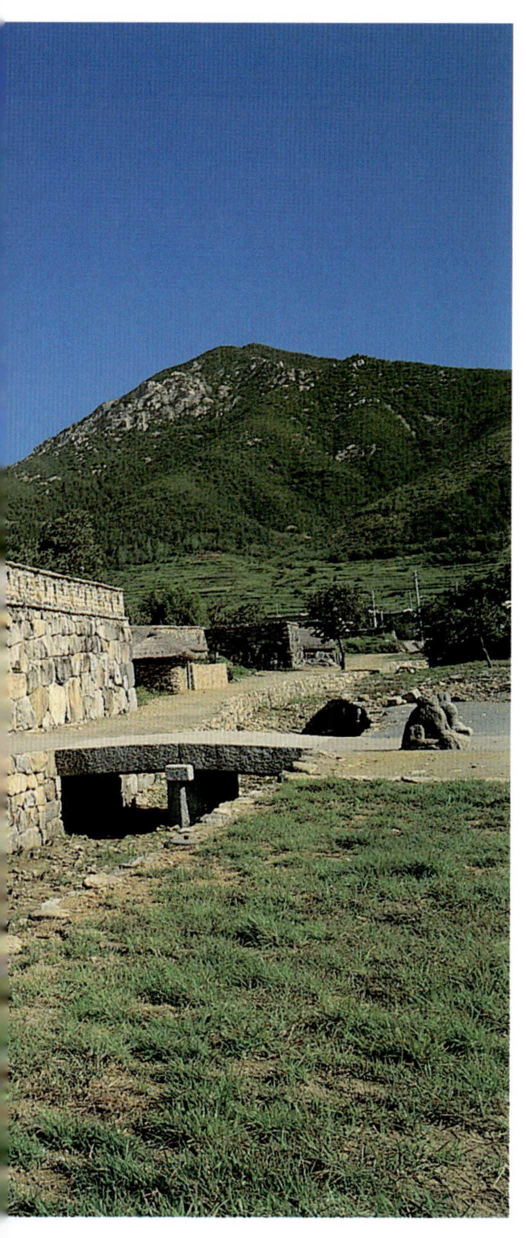

낙풍루와 해자를 가로지른 평석교 낙풍루 앞에는 ㄷ자형 옹성이 둘러 있고 그 앞으로 해자 위에 장대석을 가로질러 놓고 돌판을 맞춰 끼운 평석교가 놓여 있다.

문루를 세웠다. 앞에 옹성이 둘러 있어서 가능했을 것이다. 동문은 봄을 상징해서, 풍년을 기원하는 뜻의 이름을 붙였다.

성곽 가장자리를 따라 1.5미터 높이의 여장을 쌓았는데, 여장에는 활을 쏘던 총안(銃眼)이 사방 1척 크기로 뚫려 있다. 성문 앞에 옹성을 둘렀는데, 대부분 다른 읍성들이 둥글게 쌓은 것과는 달리 ㄷ자형으로 쌓았다.

임경업 군수 선정비각

동문을 들어서면 초가집 사이로 가장 먼저 보이는 기와집이 바로 임경업 장군 선정비를 보호하는 비각이다. 임경업은 1626년 5월부터 1628년 3월까지 낙안군수로 재임하면서 선정을 베풀었다. 『인조실록』 6년(1628) 2월 8일조에 김류(金瑬)가 "신의 종사관 김반(金槃)이 충청우도와 전라도를 순검하여 수령들이 어진지 아닌지를 사목(事目)에 따라 염탐해서 신에게 첩보했는데, 낙안군수 임경업이 벼슬살이를 청렴히 삼가고 마음을 다해 직무를 수행하였습니다"라고 아뢰자, 임금이 임경업에게 표리(表裏) 한 벌을 하사하였다고 한다. 그해에 임경업이 체찰부 별장으로 전임되면서 낙안군을 떠나게 되자 백성들이 그의 선정을 고마워하며 4월 1일 선정비를 세워 주었고, 그뒤 1748년 군수 김우가 비각을 세우고 1887년 중수하였다. 1997년에 담장까지 복원했는데, 선정비와 비각은 전라남도 문화재자료 제47호이다.

　임경업 장군은 성을 잘 쌓은 것으로도 유명하다. 1631년에 검산산성 방

임경업 군수 선정비각　임경업 장군이 낙안군수로 재임하는 동안 선정을 베푼 것에 대해 백성들이 선정비를 세워 주었으며, 뒤에 군수 김우가 비각을 세웠다.

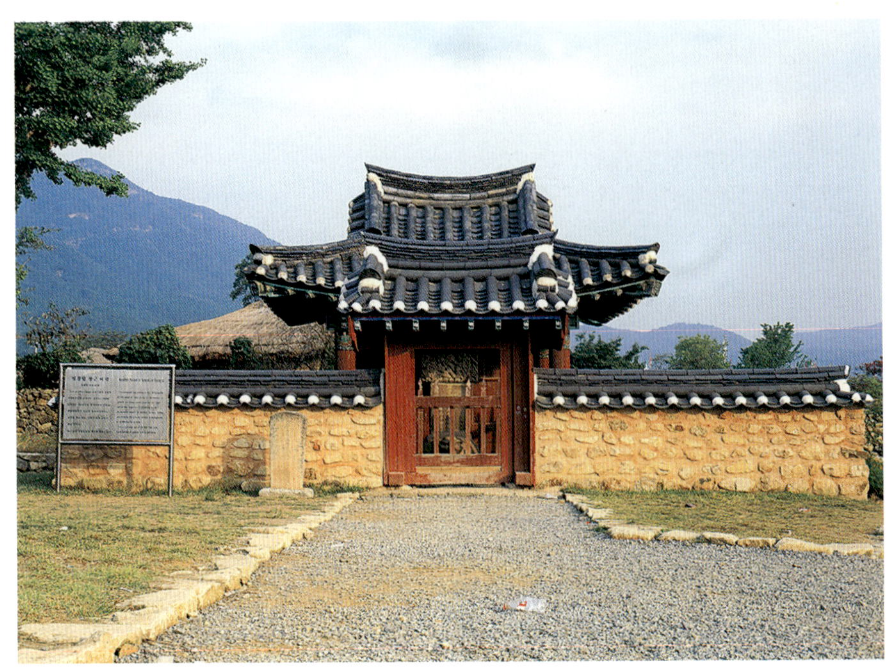

어사로 임명되어 용골산성, 운암산성, 능한산성 등을 수축하고 1633년에는 청북방어사로 부임하여 백마산성을 수축하였다. 『임장군전』이라는 옛 소설에 천마산성을 쌓는 이야기가 나온다.

경업이 군사와 백성을 거느리고 성역(城役)을 할새, 소를 잡고 술을 빚어 매일 호궤(犒饋, 군사들을 위로하여 음식물을 베풂)하며 친히 잔을 권하며 왈(曰), "내 나라 명을 받자와 성역을 시작하니 너희는 힘을 다하여 부지런히 하라" 하고 백마를 잡아 피를 마셔 맹세하고, …(중략)… 일일은 중군(임장군)이 친히 돌을 지고 군사 중에 섞여 올새 역군 등이 쉬거늘 중군이 또한 쉬더니, 한 역군이 이르되, "우리 그만 쉬고 어서 가자. 중군이 알세라" 하거늘, 중군이 웃으며 왈, "임 중군도 쉬니 관계하랴" 하니 역군 등이 그 소리를 듣고 일시에 놀라 돌아보며 하는 말이 "더욱 감격스러우니 어서 가자. 바삐 가자" 하거늘, 중군이 그 말을 듣고 "더 쉬어 가자" 한즉, 역군 등이 일시에 일어나 가더라.

또한 『낙안읍지』에도 그의 사당을 소개하면서 "임경업이 군수로 있을 때에 (낙안) 성첩(城堞)을 수축했는데, 편히 따르게 해서 백성들이 사모하여 사당을 짓고 초상을 그렸다"고 하였다. 성 쌓는 것이 백성들에게는 고달픈 부역이었는데, 그가 편하게 해주어 고맙게 여겼다는 것이다. 그를 기념한 사당인 충민사(忠愍祠)는 읍성 밖에 있다.

당산제

동내리의 상당(上堂)은 객사 뒤쪽 성벽의 큰 느티나무이고, 중당은 임경업 장군 선정비각이며, 하당은 남쪽 성벽 안 미나리꽝(미나리를 심어 가꾼 논) 옆에 있다. 그런데 주민들은 임경업 장군을 존경하여 상당보다 중당에서 먼저 제를 올렸다. 대보름날 초저녁부터 농악을 울리고 이웃 마을에서까지 사람들이 모여들어 춤추었으며, 부녀자들은 가면을 쓰거나 변장하여 흥

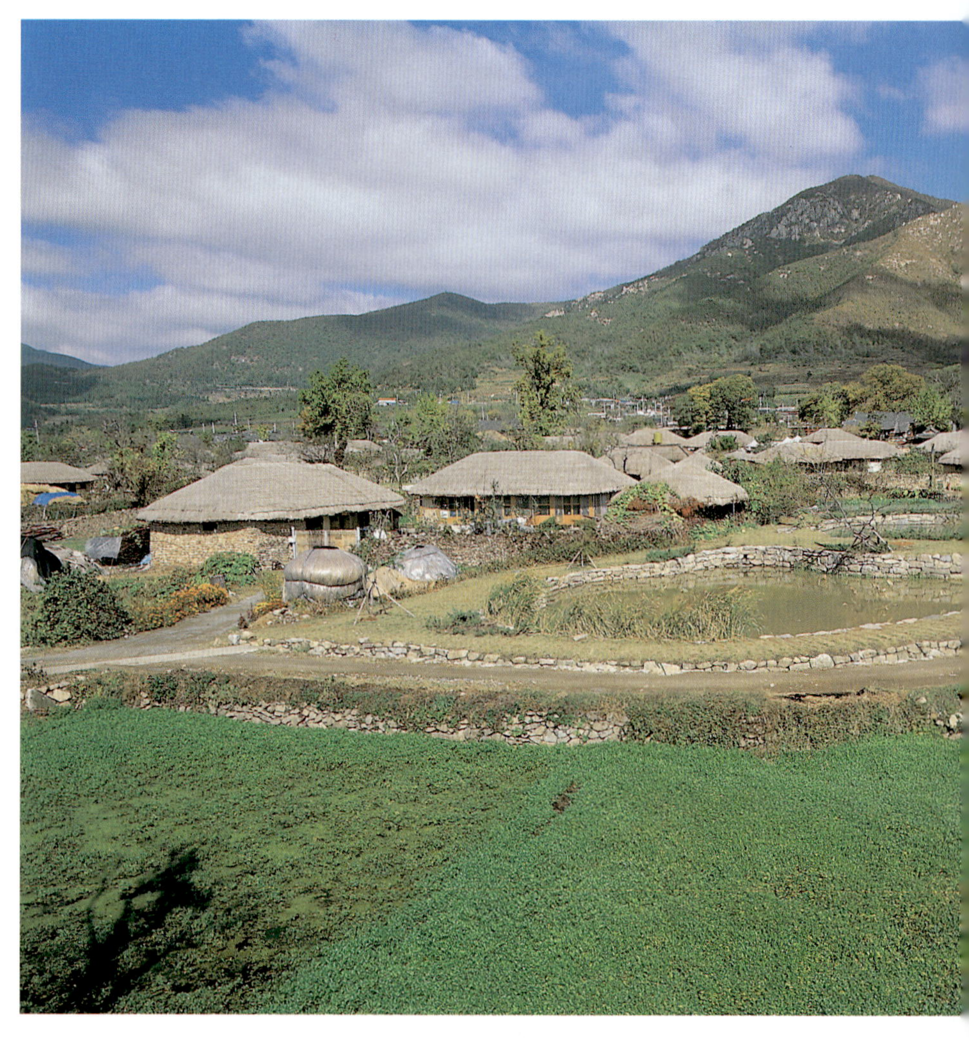

낙안읍성의 지형 남쪽 성벽 안 미나리꽝 주변 모습이다. 읍성 안 동내리에서는 임 장군 비각, 상당, 하당, 우물, 당목(은행나무), 장승, 솟대를 돌며 당산제를 모셨는데, 하당은 미나리꽝 옆에 있다.

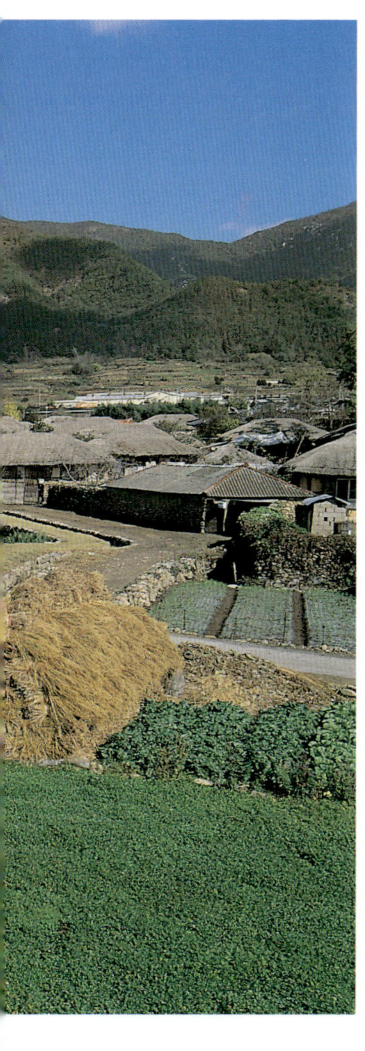

을 돋우기도 했다. 임 장군 비각, 상당, 하당, 우물, 당목(은행나무), 장승, 솟대 순으로 당산제를 다 모시고 나면 자정이 지났다고 한다. 요즘은 임 장군 비각과 상당에서만 간단히 모시는데, 헌관(獻官)들이 200년 된 갑옷을 입고 투구를 쓴 차림으로 제를 모신다.

서내리는 정월 초이튿날, 남내리는 초사흗날 당산제를 모셨는데, 성벽 주위에 당산이 있다. 요즘은 농악을 울리지 않고 간단히 모신다.

대보름날은 임경업 군수 추모제와 함께 민속놀이 경연 대회가 열리며, 낙안읍성 동편과 서편 마을이 대동놀이로 큰줄다리기를 한다. 예전에는 집집마다 짚을 거두어 남녀노소가 모여 서쪽 편은 암줄을, 동쪽 편은 수줄을 만들었다. 농악대를 앞세우고 줄다리기노래를 부르며, 낙민루(樂民樓) 앞까지 가서 줄다리기를 했는데, 이긴 쪽 마을에 풍년이 든다고 믿었다.

장터

동문에서 서문으로 이어지는 길과 남문에서 오는 길이 만나는 곳에 시장이 있다. 이곳은 사람들이 가장 모이기 쉬운 곳이며, 읍성 한가운데이기도 하다. 지금도 은행나무 주위에 주막이 몇 군데 있는데, 이곳 주변에서 난전(亂廛)을 벌이기도 한다. 낙안읍성의 별미 '낙안 팔진미(八珍味)'를 맛볼 수 있는데 팔진미란 금전산 석이버섯, 백이산 고사리, 오봉산 도라지, 제석산 더덕, 남내리 미나리, 성북리 무, 서내리 녹두묵, 용추 민물고기 등을 말한다. 낙

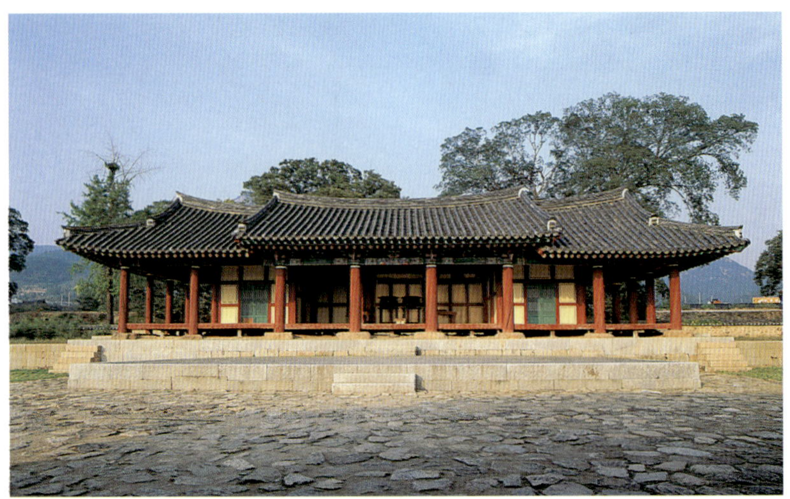

객사(위)와 장터(아래) 읍성 한가운데 위치하며, 장터에는 지금도 은행나무 주위에 주막이 몇 군데 남아 있다. 여기서는 낙안읍성의 별미인 '낙안 팔진미'를 맛볼 수 있다. 객사는 장터 바로 앞에 있는 큰 건물이다.

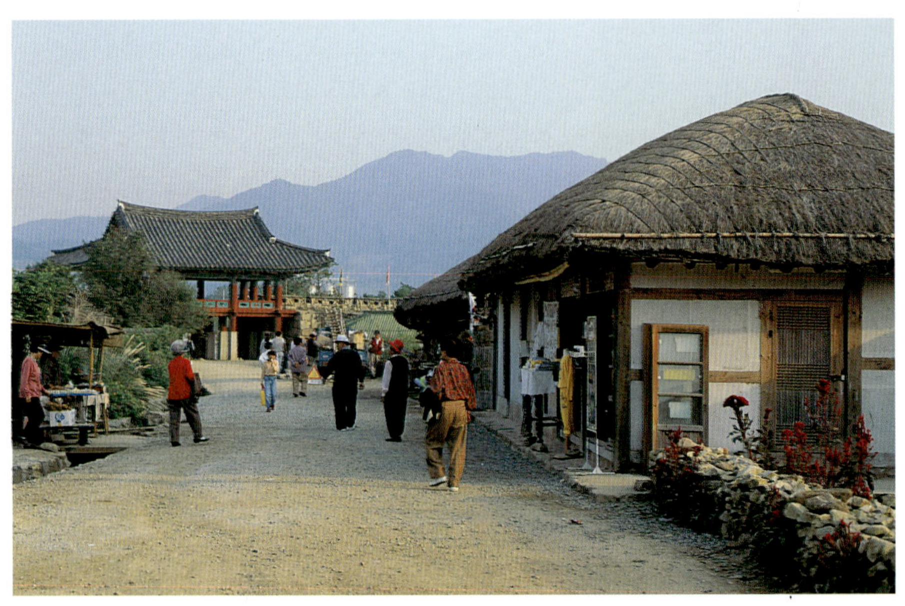

안에서 나는 더덕과 찹쌀, 누룩을 섞어 한 달 동안 발효시킨 사삼주(더덕
주)는 가래·기침·해소에 좋다고 한다.

객사

장터 앞에 있는 큰 건물이 객사인데, 세종 때에 처음 세우고 1450년 군수
이인이 중건했다. 그뒤 1859년 군수 이명칠이 다시 중건했는데, 지방유형
문화재 제170호로 지정되어 있다. 예전에 정문 역할을 했던 쌍청루(남문)로
들어서면 큰길을 거쳐 바로 앞에 보였다. 동헌과 함께 중심부에 있던 건물
이다. 다른 읍성들의 경우에는 흔히 왼쪽에 객사가 있는데, 낙안읍성의 경
우에는 오른쪽에 있다. 동문을 정문으로 사용했기 때문에 그런 듯하다.

조선시대에 관아가 폐지되면서 이 객사에도 다른 고을같이 낙안보통학교
가 들어섰다. 학교가 커지자 객사 뒤쪽에 새 교사를 짓고 객사를 교무실로
사용했으며 뜰은 운동장으로 썼다. 그뒤 읍성을 복원하면서 1991년 학교
건물을 철거하여 성북리로 옮겼고, 지금은 객사만 옛 자리에 남아 있다.

낙민루

읍성 안에는 누각이 네 개 있었다고 한다. 동문과 남문에는 문루가 각각
하나씩 있었고 동헌의 외삼문인 낙민루와 객사의 외삼문인 빙허루가 있었
다. '백성을 즐겁게 하는 곳'이란 뜻으로 '낙민루(樂民樓)'라고 하였는데,
'낙안(樂安)'이라는 지명에서 따온 이름이기도 하다. 헌종 때에 군수 민중
헌(閔重憲)이 중건하고 1924년에 중수한 건물을 광복 이후까지 군민들이
사용해 왔다. 여순사건 당시 반란군에 의해 낙안지서가 불타 버리자 이곳에
서 임시로 경찰 업무를 수행했는데, 한국전쟁이 일어난 뒤 북한군이 불태워
버렸다. 지금 건물은 1987년에 복원한 것이다.

느티나무 두 그루가 서 있는 낙민루 앞뜰을 '구정(九停)뜰'이라고 한다.
각 군을 순회하던 나주목사가 아홉 번째로 낙안군에 들렀을 때 낙민루에서
쉬었다고 붙인 이름이다.

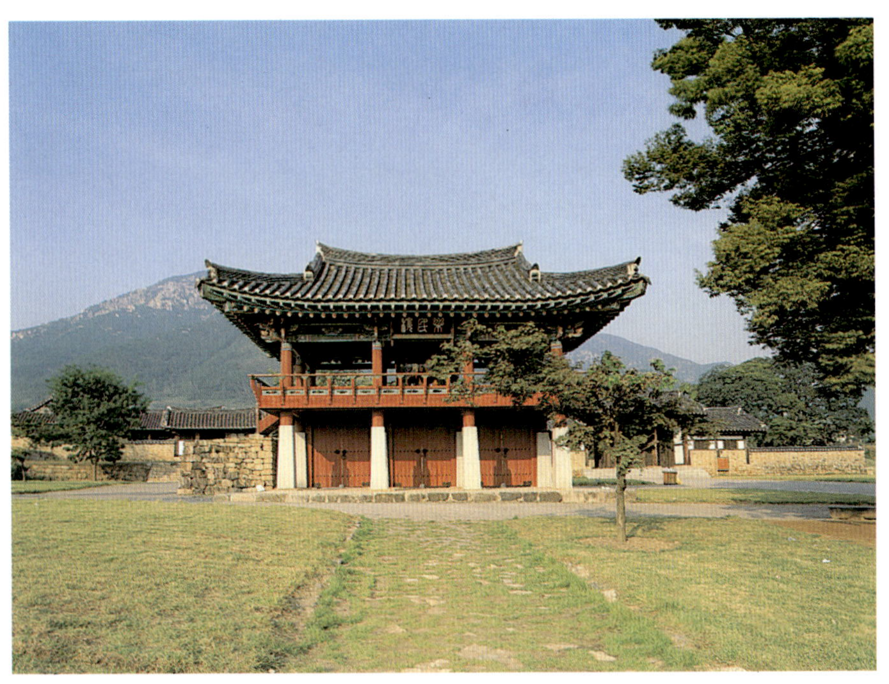

낙민루와 구정뜰 읍성 안에 있던 네 개의 누각 가운데 하나이다. '백성을 즐겁게 하는 곳'이란 뜻으로 '낙민루'라는 이름이 붙여졌다.

동헌 및 내아

동헌은 왼쪽에 있는 내아와 함께 1990년에 복원하였다. 고종 때 군수 민영은이 지은 시를 보면 '사무당(使無堂)'이라고 불렀던 듯하다. 내아 담 바깥에 낙안읍성자료관이 있다.

동헌 동쪽에는 활터가 있다. 낙안 동쪽의 백호(白虎)가 너무 강해서 오공치(蜈蚣峙)의 지네가 빈계재[牝鷄嶺]의 닭을 해치려고 하므로, 오공치의 허리를 끊어 길을 내고, 동헌 동쪽에 사정(射亭)을 지어 오공치 쪽으로 활을 쏘도록 했다는 전설이 있다.

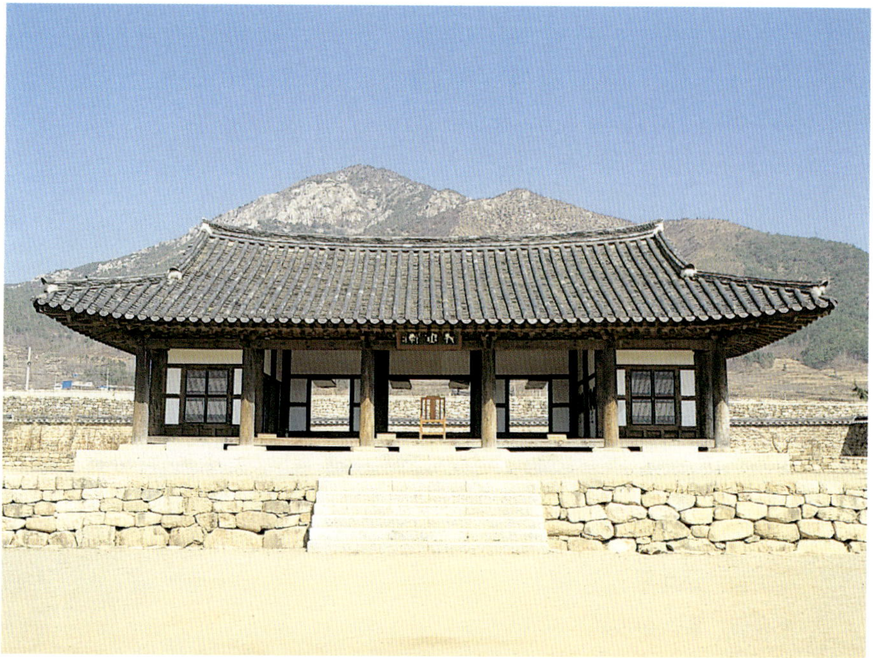

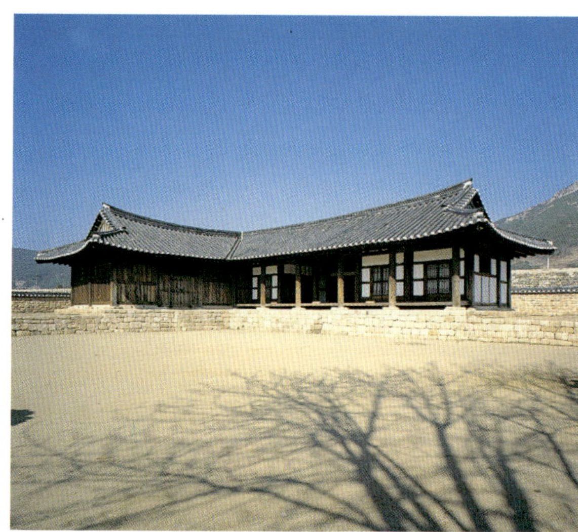

동헌과 내아 동헌(위)은 내아(왼쪽)와 함께 1990년에 복원하였다. 고종 때 군수 민영은이 지은 시를 보면 '사무당'이라고 불렀던 듯하다. 내아 담 바깥에 낙안읍성자료관이 있다.

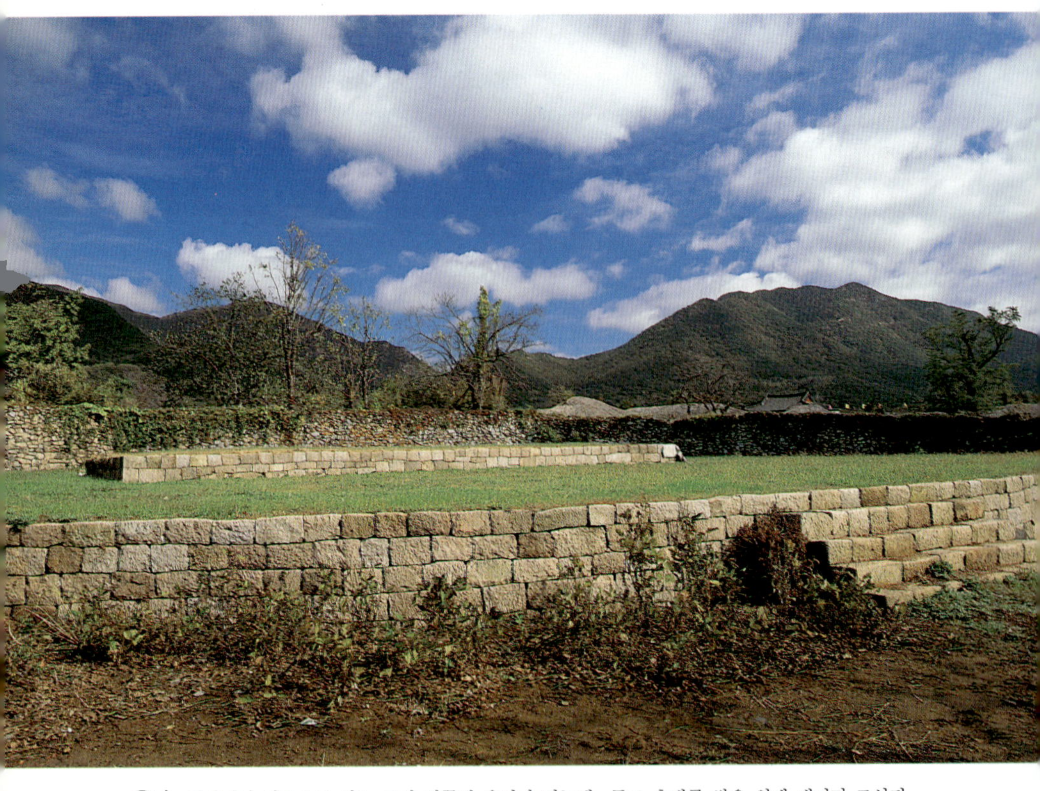

옥터 객사에서 남문으로 가는 큰길 왼쪽에 옥터가 있는데, 돌로 축대를 쌓은 위에 대지만 조성되어 있다.

쌍청루와 옥터

쌍청루는 읍성의 남문인데, 조선시대 이름은 진남루(鎭南樓)였다. 남쪽은 여름을 상징해서 서쪽 백이산에서 불어오는 시원한 바람을 맞는다고 쌍청루(雙淸樓)라고 한 것이다. 남문을 들어서면 객사와 동헌까지 큰길이 곧게 뚫린 것으로 보아, 이 문이 정문으로 사용된 듯하다. 신관 사또가 부임할 때 남문을 통해 들어왔다고 하며, 성안 주민이 죽으면 남문을 통해 상여가 나갔다고 한다.

객사에서 남문으로 가는 큰길 왼쪽(동내리 368번지)에 옥터가 있는데, 돌

로 축대를 쌓은 위에 대지만 조성되어 있다. 샘에서 흘러내린 물이 옥터 주
변에 모여 미나리꽝이 형성되었는데, 죄수들이 달아나는 것을 막는 동시에
읍성의 생활 용수가 이곳을 거치면서 정화되어 성밖으로 흘러 나가는 역할
도 했다.

서문은 낙추문(樂秋門)이라고 했는데, 문루 형태의 동문이나 남문과는
달리 단층 문이었다. 1910년대에 무너졌으나 복원하지 않고, 그뒤 옹성만
복원하였다. 그래서 성문 터 위로는 화순, 광주, 나주로 가는 길만 나 있다.
서쪽은 가을을 상징하므로 이름에도 추(秋) 자를 넣었다.

고샅 사이의 중요민속가옥 9동

성안에 있는 건물 가운데 관아만 기와집이고, 민가들은 모두 작은 초가집
이다. 양반이나 대지주들은 모두 성밖에 널찍하게 살았음을 알 수 있다. 초
가집들은 대부분 남부 지방의 전형적인 일자형(一字形)인데, 남서 방향의
삼간(三間)집이 많다. 동문과 서문을 이어 주는 큰길과 남문에서 들어오는
큰길에서 여러 개로 골목들이 나누어진다.

초가집들 사이로는 돌담이 둘러 있고, 돌담 사이로는 고샅이 이어진다.
싸리로 만든 울타리 안에는 텃밭이 보이고, 마당 너머로는 토담집들도 보인
다. 모두 주민들이 살고 있는데, 이 가운데 전형적인 가옥 9동을 중요민속
자료로 정하였다. 제92호는 옥터 옆에 있는 박의준 가옥인데, 동내리 367
번지에 있다. 향리가 살던 집으로 성안에서 가장 멋을 부린 집이다. 높은
댓돌과 주춧돌 위에 여섯 치 폭의 네모기둥을 세웠다. 안채는 정면 4칸, 측
면 2칸의 8칸 규모인데, 이 정도 크기의 집도 흔히 '초가삼간'이라 불렀다.

우물

동내리나 남내리 한가운데에는 바가지로 퍼 마시던 샘이 몇 군데 있다.
깊이 1미터 정도의 얕은 샘인데, 가물 때에도 마르지 않고 물맛도 좋다. 남
내리 골목 안에 있는 우물은 '큰샘'이라고 부르는데, 원님이 마시던 물이

다. 남내리 마을에서는 정월 초사흗날 우물제를 올린다.

　동내리 우물은 '통샘'이라 부르고, 남문 앞 골목의 샘은 '옹달샘'이라 부른다. 이 샘들은 마을 사람들이 물만 퍼 마시던 곳이 아니라 모여서 이야기를 나누던 마을의 중심지로, 정월 대보름날에는 동내리 주민들이 모두 모여 우물제를 올리기도 하였다. 낙안읍성이 행주형이라 배 안에 고인 물을 퍼내야 배가 안전하다고 해서 이 물을 사용했는데, 지금은 쓰지 않는다.

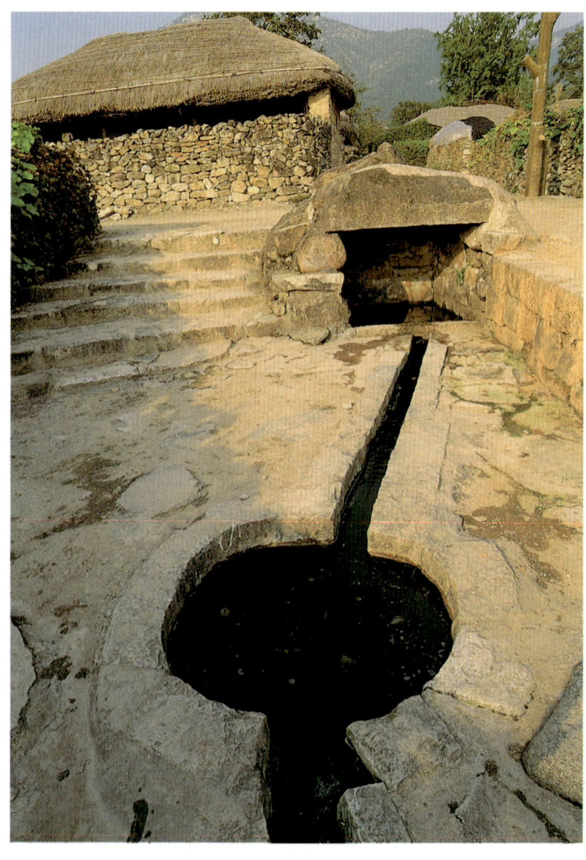

남문 앞 골목의 옹달샘 먹는 물에는 지붕을 해서 빗물이 들어가지 않게 하였고 아래쪽에서는 빨래를 하는 등 허드렛물로 쓸 수 있게 하였다.

해미읍성

충청남도 서산시 해미면 읍내리에 있는 해미읍성은 1491년 해미현 읍성으로 새로 쌓은 석성이다. 본래 이곳에는 고려 때부터 토성이 있었는데, 1407년 해미현이 설치되고 1418년 충청도 병마절도사영까지 옮겨 오게 되자 석성으로 고쳐 쌓게 되었다. 원래 충청도에는 공주와 덕산 두 곳에 병영이 있었는데, 바닷가를 지키기 위해 덕산의 병영을 가까운 해미로 옮겨 왔다. 해미읍성은 현재 사적 제116호로 지정되어 있으며, 남아 있는 읍성 가운데 원형이 가장 잘 보존되어 있다. 충무공 이순신 장군이 1579년 10월 병영 군관으로 부임하여 10개월 동안 근무한 곳이기도 하다.

효종 때에 북벌책을 내세우면서 전국의 병영이 강화되자 충청도에도 호서병영이 다섯 곳으로 늘어났는데, 그 가운데 선임 병영인 호서좌영을 해미읍성에 두었다. 그래서 해미읍성에는 동헌과 객사 중심인 다른 읍성들과 달리 병영이 설치되었으며, 현감이 영장(營將)을 겸하는 경우가 많았다. 1847년에 현감 겸 영장이던 박민환(朴閔煥)이 성곽을 크게 개축했는데, 지금 남아 있는 성곽이 바로 이때 고쳐 쌓은 것이다.

해미읍성이 역사적으로 크게 의미를 갖는 것은 흥선대원군 때 천주교인을 박해한 현장이기 때문이다. 충청도 바닷가에는 천주교인들이 많이 살았는데, 우리나라 최초의 신부인 김대건도 이곳과 가까운 당진 출신이었으며, 병인박해(1866년) 때에도 다블뤼(Marie Nicolas Antoine Daveluy) 주교를 비롯한 선교사들이 이곳에서 가까운 합덕성당의 신리공소로 피신왔다가 붙잡혔다. 이 일대에서 붙잡혔던 천주교인들은 모두 호서좌영이 있던 해미읍성으로 끌려와 심문을 받다가 처형되었으므로, 해미읍성은 천주교의 순교 성지이기도 하다.

해미읍성은 성곽이 완전하게 남아 있는 대표적인 읍성이다. 1973년부터 1981년까지 읍성 안에 무질서하게 들어섰던 학교와 민가들을 철거하고 성곽을 보수했으며, 1997년부터 10년 동안 객사와 관아 건물들을 복원하고 있다. 지금은 공원같이 되어 있는데, 앞으로 민가마저 복원된다면 낙안읍성 같이 살아 있는 민속촌이 될 것이다.

『문종실록』에는 해미읍성에 대해 둘레가 3,352척, 체성(體城)의 높이가 12척, 여장의 높이가 3척, 적대(敵臺)가 18개 계획되었는데, 1451년까지는 두 개만 완성되었으며, 성문 네 개, 여장 688첩, 샘이 세 곳, 성밖에 3,626 척의 해자가 있었다고 했다. 그러나 그뒤 헌종(憲宗) 때에 편찬된 『해미현지』 '성지(城池)' 조에는

현성(縣城)의 둘레는 6,630척이고, 높이는 13척이다. 치성이 380첩(堞)이고, 옹성이 두 곳이며, 초루와 포루는 없다. 남문은 3칸의 홍예와 2층의 누(樓)로 이루어졌으며, 동문과 서문은 각각 3칸이다. 북문은 없다. 성밖으로는 탱자나무를 둘렀으며, 성안에는 샘과 우물이 여섯 군데 있고, 호지(濠池)는 없다.

라고 기록되어 있는데, 『여지도서(輿地圖書)』의 내용과 같다. 이것이 바로 1491년에 쌓은 성곽의 모습이다. 성벽 위에다 낮은 담을 쌓아 성밖에서 몸이 보이지 않도록 만든 여장을 치성이라고 잘못 기록했으며, 이전에 성을 두르고 있던 해자와 북문은 없어졌다. 지금의 성곽 규모와 조금 다른데, 1847년에 고쳐 쌓았기 때문이다. 지금은 옹성이 없고, 남문 옆에 치성이 두 군데 만들어져 그 위에 포루(舖樓)가 설치되었다. 동문과 남문도 문루로 복원되었다. 탱자나무 목책은 복원 공사 중에 그 흔적이 확인되었다.

해미읍성 안의 관아 건물들은 조선왕조가 일본에 강제로 합병될 때까지도 제 모습을 유지하면서 기능을 다하고 있었는데, 1913년 12월에 부군폐합 과정을 거치면서 강제로 철거되었다. 철거된 건물들이 민간에 불하되거나 다른 용도로 쓰이게 된 과정이 1927년에 간행된 『서산군지(瑞山郡誌)』에 실려 있다. 이 책은 역설적으로 20세기 초까지 남아 있던 조선시대 해미읍성의 모습을 소개하고 있기도 하다. 중요한 부분만 일부 소개한다.

동헌　해미면 읍내리에 있는데, 옛날 병마절도사의 영사(營舍)이다. 병영이 폐지된 뒤에는 해미군수의 행정 청사로 썼다. 조선식 기와집 31평 7홉(合) 7작(勺)이었는데, 대정 12년(1923) 3월 10일 해미면에 양여(讓與)되어 지금은 면사무소로 쓰고 있다.

객관　해미면 읍내리에 있으며, '지성관(枳城館)'이라고 편액하였다. 영조 35년(1759) 기묘 3월에 세웠는데, 조선식 기와집 105평 6홉 5작이며, 부지는 1,353평 4홉이다. 대정 9년(1920) 10월 서산학교 교비로 양여하였다.

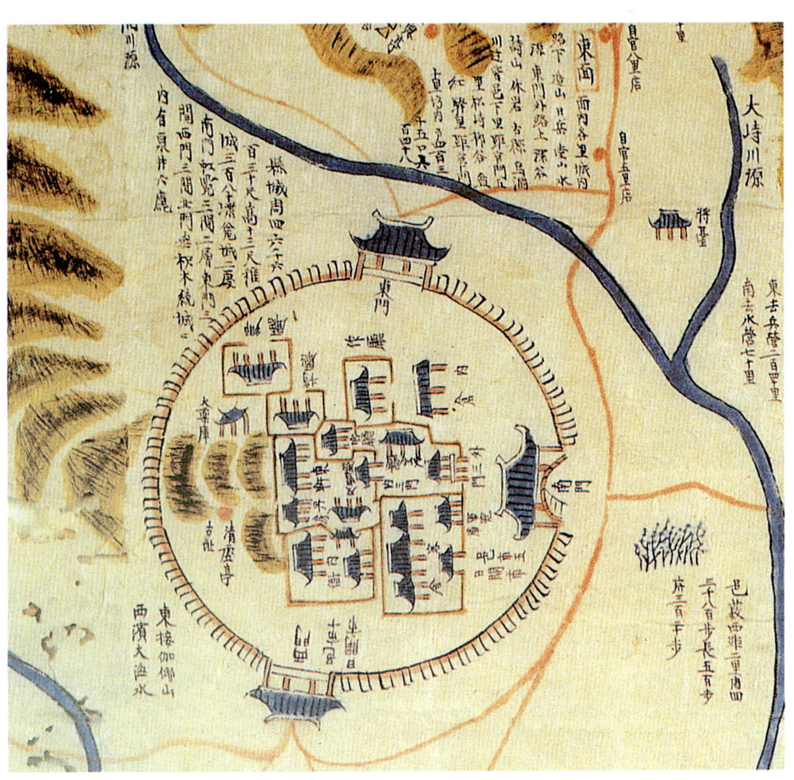

해미현지도 부분　1872년, 75×75센티미터, 서울대학교 규장각 소장.

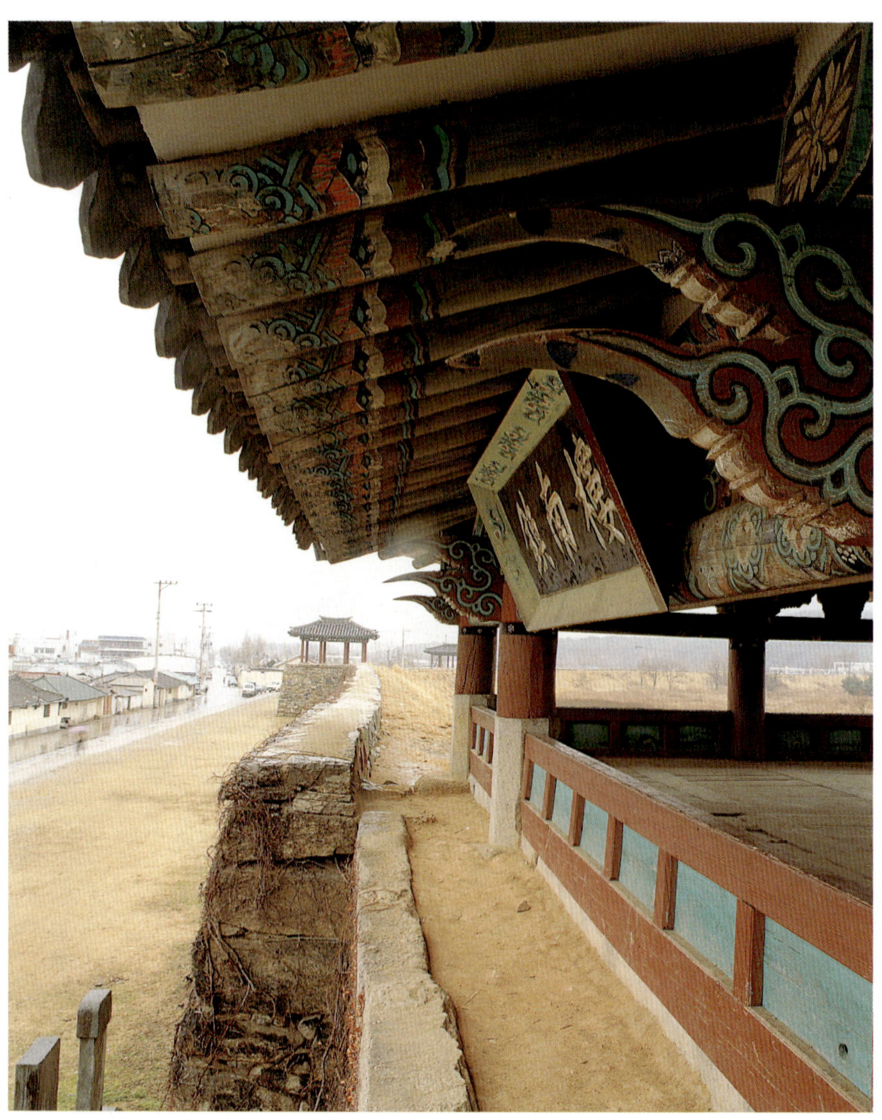

해미읍성 남문 및 성곽 남아 있는 읍성 가운데 원형이 가장 잘 보존되어 있다. 동헌과 객사 중심인 다른 읍성들과 달리 병영이 설치되었으며 천주교 박해 현장이라는 점에서 역사적으로 큰 의미를 갖는다.

현재 해미보통학교로 쓰고 있다. 이 학교 섬돌에 "건륭 19년 갑술 3월에 만들었다(建隆十九年甲戌三月造)"는 열 글자가 새겨져 있다.

객관 외삼문　　해미면 읍내리에 있었는데, 조선식 기와집 10평 8작이다. 대정 4년(1915) 10월 대금 5원 62전에 팔아 버렸다.

옥사(獄舍)　　해미면 읍내리에 있었는데, 조선식 기와집 7평 3홉 6작이다. 대정 6년(1917) 10월 27일 해미보통학교에 6원 55전에 팔아 버렸다. 그 기와와 목재로 학교 변소를 지었다. 옥사 부지는 275평 5홉이다.

내삼문　　본래 해미군청의 출입문으로, '호서좌영(湖西左營)'이라는 편액이 걸려 있었다. 『속대전(續大典)』을 보면 충청도에 영장을 두었는데, 전영(前營)은 홍주에, 후영은 충주에, 좌영은 해미(현감이 겸하여)에, 우영은 공주에, 중영은 충주에 두었다고 했다. 그래서 호서좌영이라고 한 것이다. 기와집으로 11평 8홉 7작인데, 대정 6년 10월 27일에 대금 8원 25전에 팔아 버리고 철거하였다.

남문루(南門樓)　　해미면 읍내리에 있으며, 읍성의 남문이다. 편액에 '진남문(鎭南門)'이라고 하였다. 기와집 17평 5작이다. 문루 대석에 "황명(皇明) 홍치(弘治) 4년(1491) 신해에 세웠다"는 글자가 새겨져 있다. 세월이 오래되었는데도 수리하지 않아 거의 무너지게 되었다.

위의 기록으로 보아 해미읍성에는 여러 개의 관청 건물이 있었으며, 고자실(庫子室)을 빼고 모두 시골에서는 보기 드문 기와집이었음을 알 수 있다. 이러한 관청 건물 가운데 동헌이나 객관같이 크고 상태가 좋은 건물들은 면사무소나 학교 건물로 쓰였으며, 상태가 나쁜 건물들은 철거되어 다른 건물을 새로 짓는 데 건자재로 사용되었다. 현사청이나 내아, 옥사, 책실(冊室) 같이 작은 건물들은 1917년 10월 27일에 대부분 처분했는데 건평 1평에 1원도 채 받지 않고 팔아 버렸다. 비용을 마련하기보다는 주민들의 구심점이었던 조선왕조의 관아 건물을 철거하는 데 목적이 있었던 것이다.

성곽

해미읍성에서 조선시대의 모습이 그대로 보존되어 있는 것은 성곽과 진남문뿐이다. 그밖의 건물들은 옛터를 발굴하여 복원한 것이다. 현재 읍성의 성곽은 길이가 1,800미터이고, 높이는 5미터이다. 성내 면적은 5만 7,122평인데 타원형이다. 성곽의 폭은 위가 2.5미터, 아래가 8미터 정도이다. 평지에 쌓았는데 북동쪽은 나지막한 야산에 의지하여 쌓았으므로 문을 내지 않고 동문, 서문, 남문만 만들었다. 북쪽 성곽 밖에는 해자를 팠던 흔적이 남아 있다. 간단히 다듬은 산돌로 쌓았는데, 아래는 큰 돌로 쌓기 시작하여 위로 올라갈수록 차츰 작은 돌로 쌓았다. 진남문 부근의 성곽이 옛 모습을 가장 잘 지니고 있다.

성곽은 충청도 여러 고을의 백성들이 동원되어서 쌓았는데, 해당 공사 구간의 성벽에는 이들의 출신 고을명이 새겨져 있다. 남문 왼쪽 아래 성돌에는 "공주 백성이 쌓았다"는 글씨가 새겨져 있고, 오른쪽 아래 성돌에는 "청주 백성이 쌓았다"는 글씨가 새겨져 있다. 동문으로 가는 성벽 아래쪽에는 "이곳까지는 충주 백성이 쌓았고, 다음부터는 임천 백성이 쌓았다"고 새겨져 있다. 이름 없는 백성들의 공적을 후세에 남긴 것이기도 하지만, 나중에라도 성이 무너지는 경우를 생각하여 책임의 소재를 분명히 하려는 데 그 목적이 있었다.

진남문

진남문은 남쪽을 지키는 문이라는 뜻인데, 해미읍성의 정문이기도 하다. 화강암 홍예문 위에 정면 3칸, 측면 2칸의 팔작지붕 단층 문루로 만들었는데, 대석에 "황명 홍치 4년 신해에 만들었다(皇明弘治四年辛亥造)"는 아홉 글자가 새겨져 있다. 홍치는 명나라 효종 때 사용한 연호로, 홍치 4년은 우리나라 성종 22년(1491)에 해당된다. 해미읍성의 삼문 가운데 유일하게 조선시대의 모습이 그대로 남아 있으며 얼마 전까지는 남문 안에 장이 서기도 했다. 문밖에는 주막과 가게들이 들어서 있었는데 성곽을 보수하는 과정에

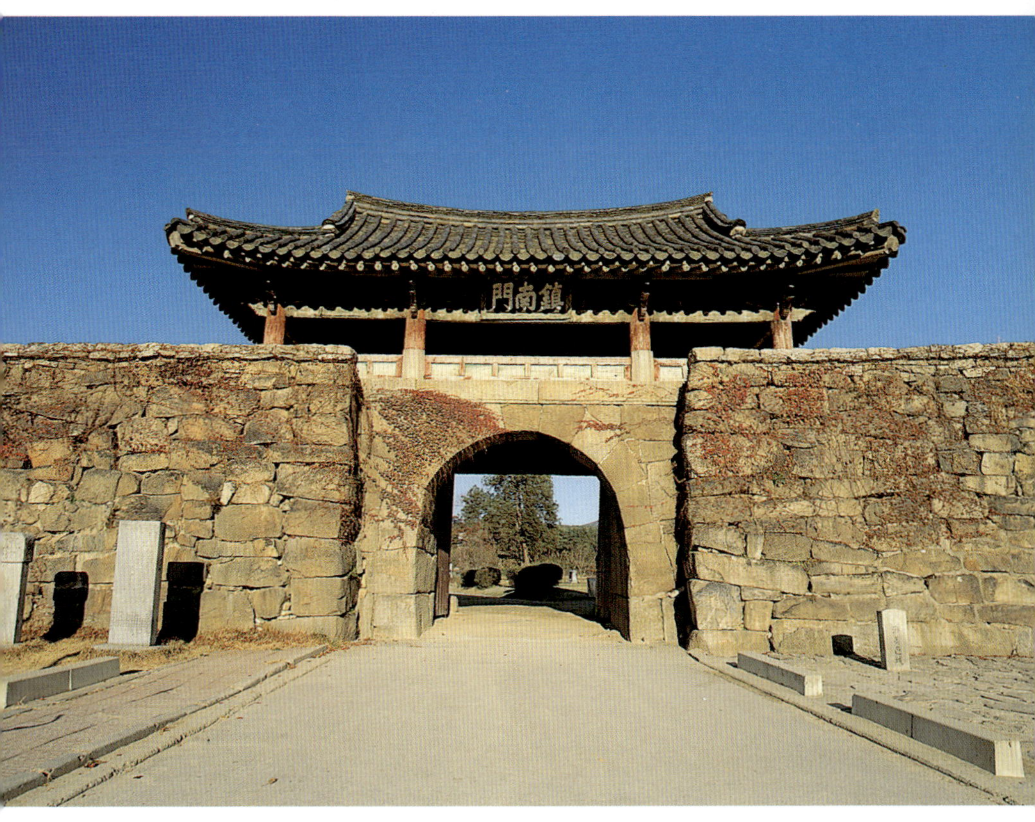

진남문 해미읍성의 정문으로, 읍성의 삼문 가운데 유일하게 조선시대의 모습이 그대로 남아 있다. 진남문 위에서 출발하여 성곽 위를 걸으면, 서문과 동문을 거쳐 한 시간 안에 다시 진남문으로 돌아올 수 있다. 성문 앞에 해미좌영루첩중수비가 보인다.

서 모두 철거되고 광장이 만들어졌다. 1931년에 중건한 건물을 1971년 해체 복원하였다.

진남문 위에서 출발하여 성곽 위를 따라 걸으면, 서문과 동문을 거쳐 다시 진남문까지 한 시간 안에 돌아올 수 있다. 병인박해 때에는 호서병영의 영장이던 현감이 이 문 위에 올라가 천주교인들을 처형하는 것을 감독했다고 한다. 지금은 해미읍성을 관광하는 출발점이 된다.

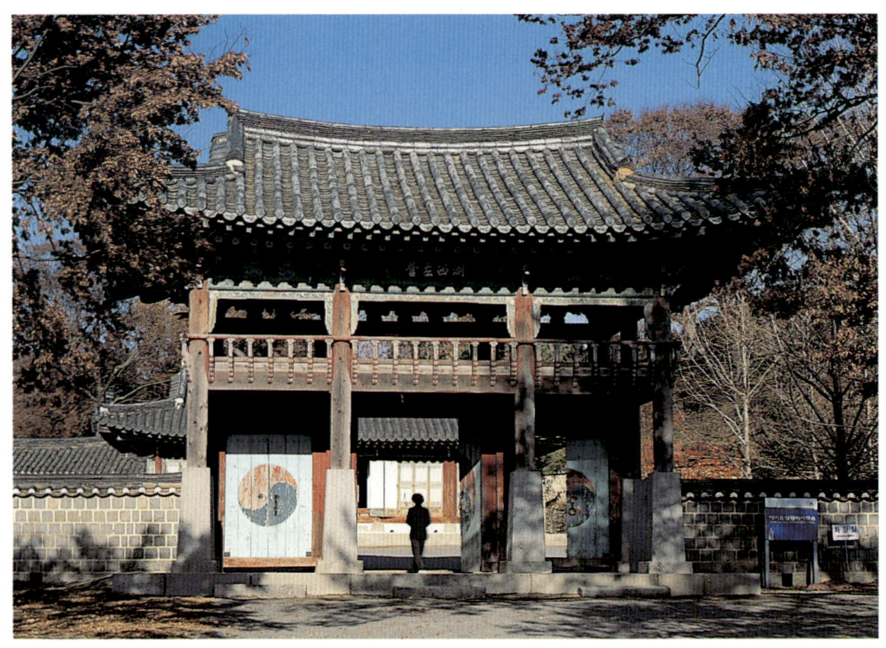

읍해루 해미읍성 관아의 외삼문으로 해미읍성의 한가운데 위치한다. 2층 문루에 올라서면 멀리 바다가 보여서 '읍해루'라는 이름을 지었다.

읍해루

옥사 터를 지나서 곧바로 걸어가다 보면 2층 문루가 하나 서 있는데 이것이 읍해루이다. 동문에서 서문으로 이어지는 큰길과 남문에서 오는 길이 만나는 이곳은 해미읍성의 한가운데이며 이 문루가 해미읍성 관아의 외삼문이다. 문루와 동헌 뒤로는 나지막한 산이 둘러져 있다. 조선왕조가 일본에 강제로 합병된 뒤 많은 관아 건물들이 철거되었는데, 1927년에 간행된 『서산군지』에 동헌 앞에 있던 문루에 대해 소개한 글이 실려 있다.

누문(樓門)은 본래 해미군청으로 드나들던 외삼문인데, 이곳에는 '읍해루'라는 편액이 걸려 있었다. 조선식 기와집 2층으로 건평은 9평 6홉인데,

대정 13년(1924) 10월에 서산면 유씨에게 팔려 철거되었다.

‘읍해(揖海)’는 ‘바닷물을 퍼낸다’ 또는 ‘바닷물을 움켜쥔다’는 뜻이다. 2층 문루에 올라서면 멀리 바다가 보였기 때문에 이런 이름을 지었다. 관아에는 삼문이 둘 있는데, 외삼문은 대개 2층 문루로 만들어 관청의 위엄을 돋보이게 했다. 해미현의 외삼문도 2층 문루였는데, 총독부 시절 서산군에서 철거하여 민간인에게 불하했다.

1973년부터 해미읍성을 복원하면서, 동헌 앞에 있던 외삼문 문루도 복원하였다. 이웃에 있던 서산군 관아의 외삼문인 서령군문(瑞寧郡門)을 기본형으로 하여 정면 3칸, 측면 2칸, 11.56평 크기로 복원하였는데, ‘읍해루’라는 편액을 걸지 않고 내삼문에 걸려 있던 ‘호서좌영(湖西左營)’이라는 편액을 걸었다. 「충청도지도」에서 보이는 것처럼 내삼문 안에 있던 내아, 급창방, 관청 등을 다 복원하려면 외삼문인 읍해루를 더 내다 세워야 한다.

옥사 터와 회화나무

진남문을 들어서면 동헌까지 큰길이 이어지는데, 60미터쯤 들어가면 커다란 회화나무 한 그루가 있다. 300년쯤 된 고목인데, 흔히 ‘호야나무’라고도 부른다. 이 나무 옆에 내옥과 외옥의 옥사 두 채가 있었다고 한다. 1917년까지 7평 규모의 기와집 한 채가 남아 있었는데, 해미보통학교 변소 건물로 팔려 버렸다. 수많은 천주교인들이 이곳에 잡혀 왔다가 질병과 고문, 굶주림으로 처형도 당하기 전에 죽어 갔다고 한다.

해미읍성의 첫 순교자는 1799년 2월 29일에 순교한 박취득이다. 그는 홍주 출신으로 1797년 체포되어 홍주관아에서 7개월 동안 네 차례나 혹독한 심문을 당한 뒤 해미진영으로 이송되었다. 달레(C. C. Dallet) 신부가 쓴 『조선교회사』에 의하면 박취득은 해미읍성 감옥에 갇혀 있던 18개월 동안 단 하루도 고문을 당하지 않은 날이 없을 정도였다고 한다. 그는 30여 세 나이로 해미감옥에서 교수형을 받고 순교했다.

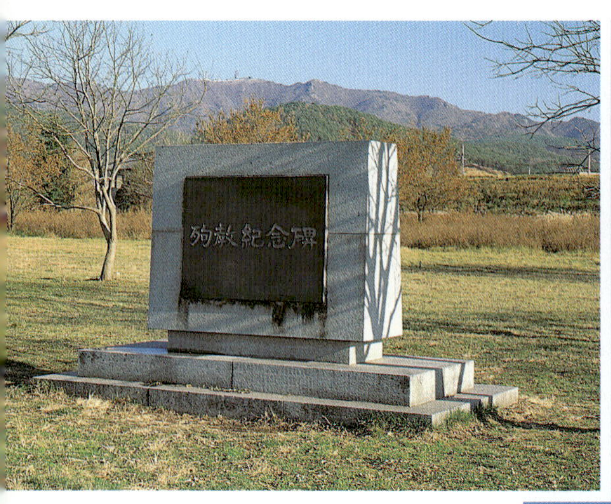

해미읍성 천주교 순교기념비　홍선대원군 때 이 일대에서 붙잡힌 천주교인들은 모두 호서좌영이 있던 해미읍성으로 끌려와 심문을 받다가 처형되었다. (위)

회화나무와 탱자울　감옥을 둘렀던 탱자나무 울타리와 죄인을 철사에 매어 처형하였다는 회화나무가 지금도 남아 천주교인들의 순교를 증언하고 있다. (오른쪽)

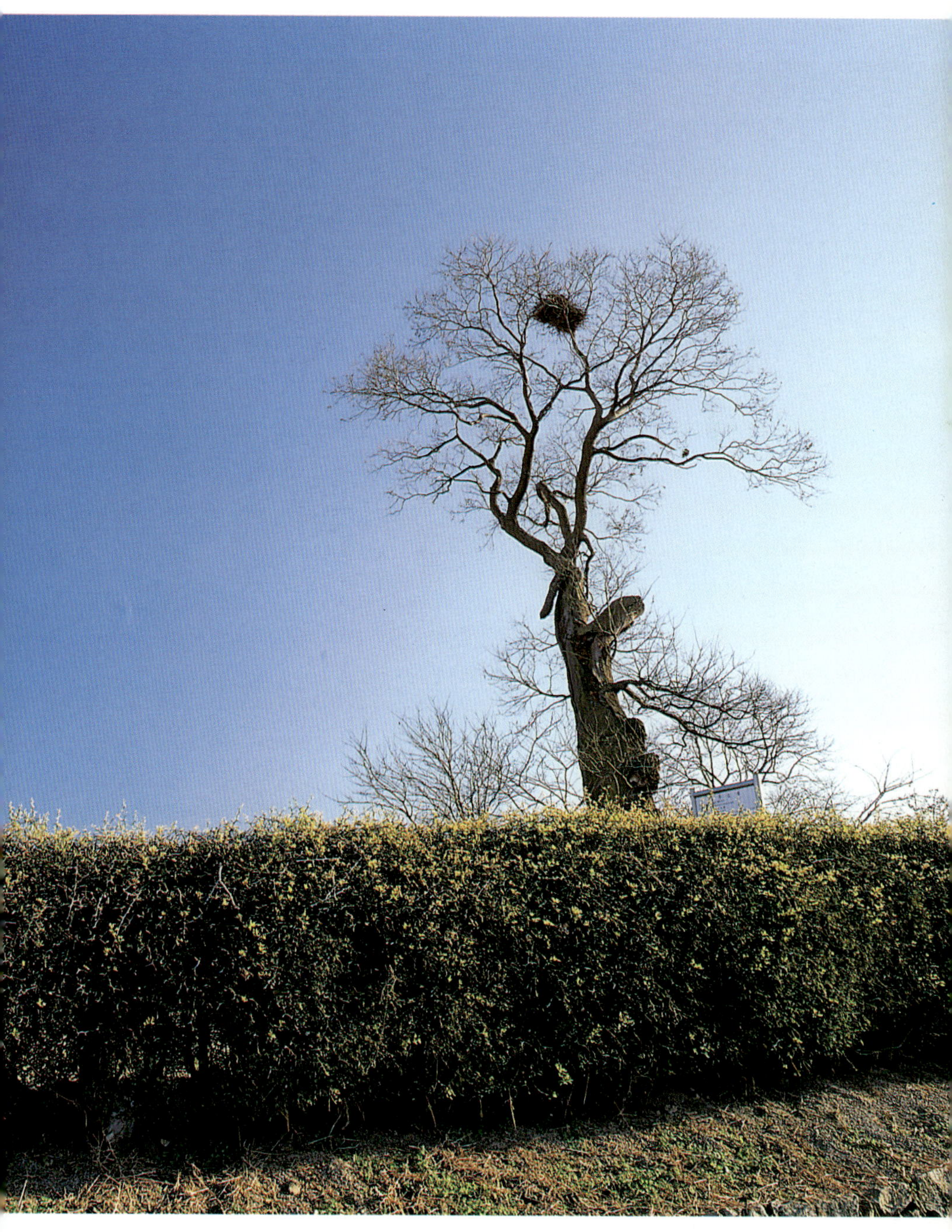

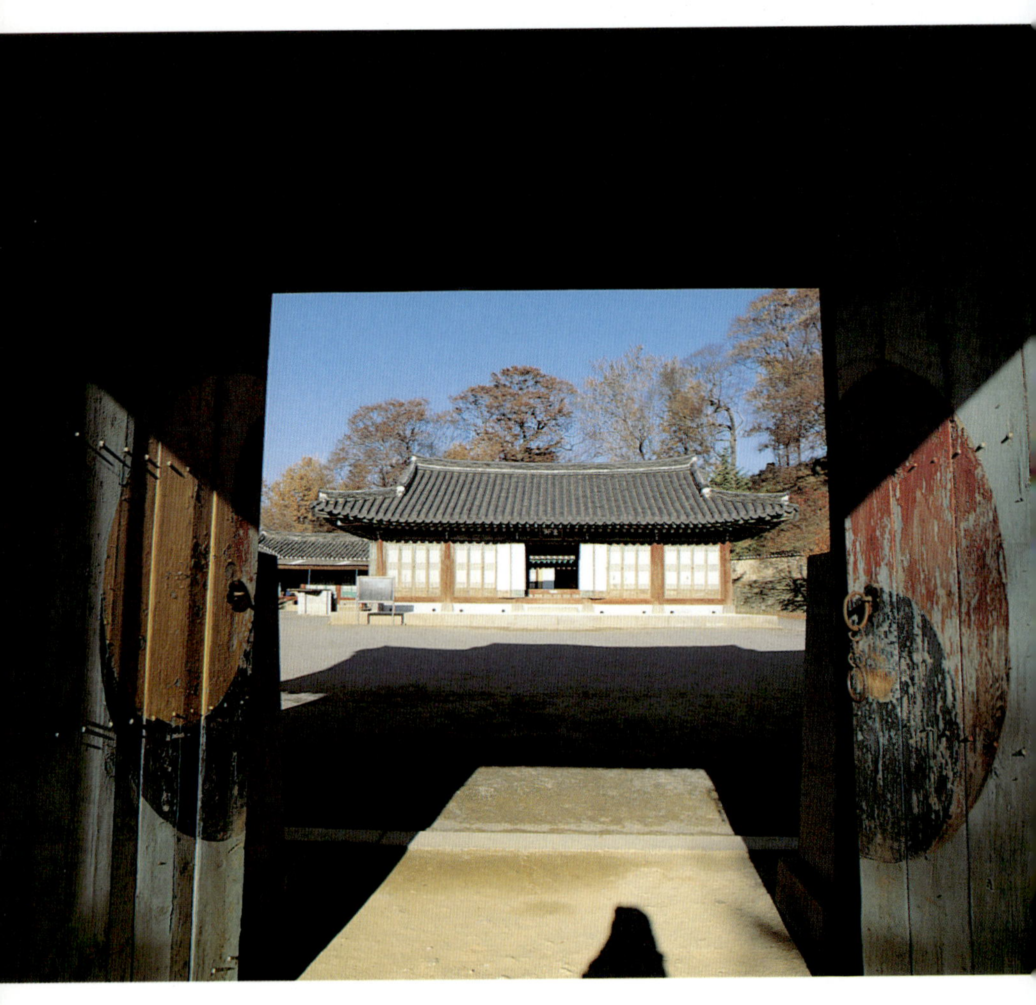

동헌 2층 문루를 들어서면 관아의 한가운데에 바로 해미현 현감이 다스리던 동헌이 있다. 정면 5
칸, 측면 3칸의 겹처마 팔작지붕 기와집이다.

병인박해 때에는 천주교인들이 너무 많이 잡혀와, 옥사 안에 다 가두어 놓을 수가 없었다. 그래서 옥사 밖에 있던 이 회화나무 동쪽 가지에 매달아 고문했다. 아직도 이 회화나무에는 천주교인들을 묶어 놓았던 철사 자국이 남아 있으며, 회화나무 옆에는 1982년에 세운 「해미읍성 천주교 순교기념비」가 있다.

동헌과 책실

2층 문루를 들어서면, 관아의 한가운데에 바로 해미현 현감이 정사를 보던 동헌이 있다. 효종 2년(1651) 해미현에 호서좌영을 설치했으므로, 영장을 겸한 해미현감은 이 동헌에서 해미현의 정사뿐만 아니라 인근 12개 군현의 병무 행정까지 관장하였다. 정면 5칸, 측면 3칸의 겹처마 팔작지붕 기와집으로 복원하였다. 동헌 뒤에 책실이 있는데, 정면 5칸, 측면 2칸의 홑처마 팔작지붕 기와집이다.

객사

동헌을 나서면 오른쪽에 객사인 지성관이 서 있다. 1981년에 정면 3칸, 측면 2칸의 객사 터를 발굴하면서 유구를 매장해 두었다가 1997년 그 구조대로 측실까지 복원하였다. '지성관'은 '탱자나무로 목책을 두른 성의 객관'이라는 뜻이다. 탱자나무로 목책을 두른 것이 특색이 있어서 예부터 해미를 '지성(枳城)'이라고도 불렀다. 객사 터를 발굴한 결과, 객사 앞마당에 돌을 깔고 주위에 막담을 둘렀는데 남쪽에는 외삼문이, 그 앞에는 목책이 쳐 있었다고 한다.

섬돌에 "건륭 19년 갑술 3월에 만들었다"는 글자가 새겨져 있는 것으로 보아 1754년에 처음 세웠음을 알 수 있다. 1920년부터 해미보통학교가 쓰다가 학교의 규모가 차츰 커지자 객사를 헐고 새 교사를 지었는데, 1973년부터 읍성 내부를 정화하면서 초등학교가 옮겨 나갔고 지금의 모습처럼 객사가 복원되었다.

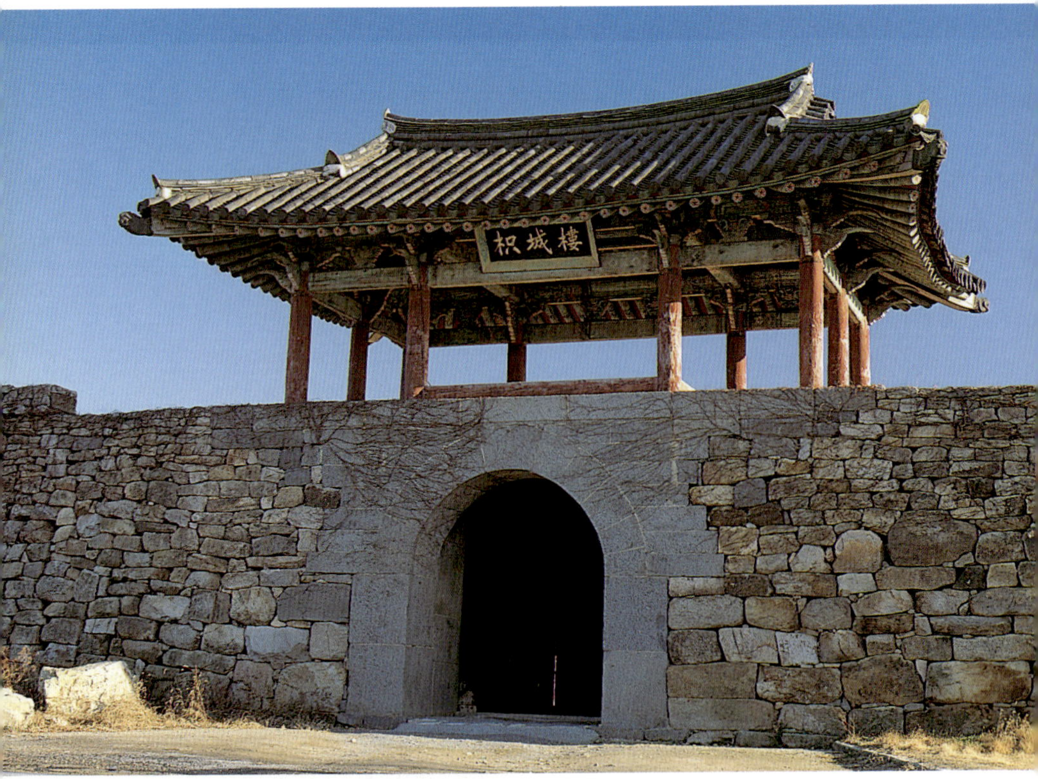

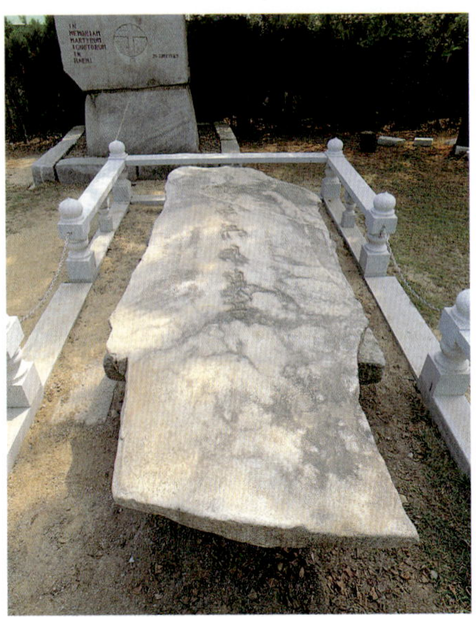

지성루 해미읍성의 서문으로, 1974년에 홍예
문 위에 정면 3칸, 측면 2칸의 문루를 세워 복
원하였다. (위)
자리갯돌 지성문 옆 개울물 위에는 돌다리가
놓여 있었는데, 병인박해 때 수많은 천주교인
들이 이곳에서 처형당하였다고 한다. 지금은
자리갯돌만 남아 있다. (왼쪽)

지성루

객관인 지성관을 지나면 해미읍성의 서문인 지성루(枳城樓)가 나온다. 본래 7평 4작 넓이의 기와집이었는데 다른 이름은 없었다. 1916년 3월에 불타 버렸는데, 1974년 복원하면서 홍예문 위에 정면 3칸, 측면 2칸의 문루를 세웠으며, 지성관 옆에 있다고 해서 '지성루'라는 편액을 걸었다.

서문 옆에는 수문(守門)이 있었고 수문으로 흘러나오는 개울물 위에는 길이 4.2미터, 너비 1.5미터, 두께 0.3미터의 돌다리가 놓여 있었는데, 병인박해 때에 천주교인들이 이 돌다리 위로 끌려나와 서문 앞에서 처형당하였다고 한다. 수많은 천주교인 모두를 처형할 시간과 장소가 없자, 일부는 이 돌다리 위에 패대기쳐 죽였다고도 한다. 당시에 관원들이 서문 위에서 처형을 감독하였다. 지금은 자리갯돌만이 남아 천주교인들이 박해받았던 현장을 증언하는 순교 성지가 되었다.

잠양루

지성루 반대쪽에 동문인 잠양루(岑陽樓)가 있다. 해미현의 옛 이름인 '잠양(岑陽)' 두 글자를 따다가 동문에 편액으로 썼는데, 본래 영조 때에 세웠던 동문의 이름은 '규양문(葵陽門)'이었다. 대석(臺石)에 "건륭 19년 갑술 10월에 만들었다(乾隆十九年甲戌十月造)"는 열 글자가 새겨져 있어 객사와 함께 세웠음을 알 수 있는데, 1926년에 무너졌다. 읍성 둘레에 탱자나무로 목책을 둘렀는데, 『서산군지』를 편찬하던 1927년 무렵에는 동문 일대에만 탱자나무가 있었다고 한다. 1974년 읍성을 정비하면서 홍예문 위에 정면 3칸, 측면 2칸의 문루로 다시 세웠다.

청허정

동헌을 나서면 왼쪽 언덕에 이름 없는 정자가 있다. 병마절도사가 평소에 쉬던 곳인데, 전투시에는 망루 역할도 하던 정자이다. 『신증동국여지승람』에 "병마절도사 조숙기가 (병영 안에) 세웠다"고 했는데, 그가 1491년에 충청도 병마절도사가 되었으니 그즈음에 세웠던 듯하다.

『충청도읍지』에

청허정(淸虛亭)은 현성 안 주산(主山) 위에 있다. 올라가 보면 여러 봉우리들이 빽빽이 서 있는 가운데 안면도(安眠島)와 바다가 또렷하게 눈앞에 펼쳐진다.

고 하였는데, 1872년에 작성된 「충청도지도」에는 동헌 뒤 언덕에 청허정 고지(故址)라고 표시되어 있어, 그 사이에 없어졌음을 알 수 있다. 일제강점기에 그 자리에다 신사(神社)를 세웠는데, 8·15 광복 뒤에 신사는 헐렸지만 가파르게 쌓았던 계단이 아직도 남아 있다. 1976년 동헌 뒤 이 언덕에다 7평 크기의 누정 형태로 정자를 짓고 '망루(望樓)'라고 이름 붙였는데, 본래 이름대로 '청허정'이라고 해야 한다.

해미좌영루첩중수비

해미읍성은 해미현감 겸 영장이던 박민환이 1847년에 고쳐 쌓았는데, 1849년 공사를 마친 다음 진남문 앞에 「해미좌영루첩중수비(海美左營樓堞重修碑)」를 세웠다. 읍성을 고쳐 쌓은 이유와 그 과정을 기록한 비석인데, 공사 책임자였던 현감 박민환의 이름만 기록한 것이 아니라 실제로 공사를 맡았던 목수 김해성(金海成)과 석공 서일관(徐日觀)의 이름까지도 기록하여 그 공적과 책임을 후세에 전하게 하였다.

치성

해미읍성에는 남문 옆으로 치성이 두 군데 있으며, 치성 위에는 포루가 설치되어 있다. 치성은 성벽 가까이 달라붙은 적을 공격하기 위해 타원형의 성벽보다 바깥쪽으로 내어 쌓은 시설인데, 이 시설이 반원형이면 '곡성(曲城)', 네모꼴이면 '치성(雉城)'이라고 하였다. 치성은 꿩이 자기 몸을 숨기

고서 밖을 엿보는 모습을 따서 지은 이름이다. 치성 위에 포루를 설치하여 멀리 관측하기도 했으며, 성벽에 달라붙은 적을 옆이나 뒤에서 공격하기도 했다. 성문의 문루에는 이름을 붙였지만, 대개 치성 위의 포루에는 따로 이름을 붙이지 않았다.

치성 해미읍성에는 남문 옆으로 치성이 두 군데 있으며, 치성 위에는 포루가 설치되어 있다. 치성은 성벽 가까이 달라붙은 적을 공격하기 위해 타원형의 성벽보다 바깥쪽으로 내어 쌓은 시설인데, 반원형이면 '곡성', 네모꼴이면 '치성'이라고 하였다.

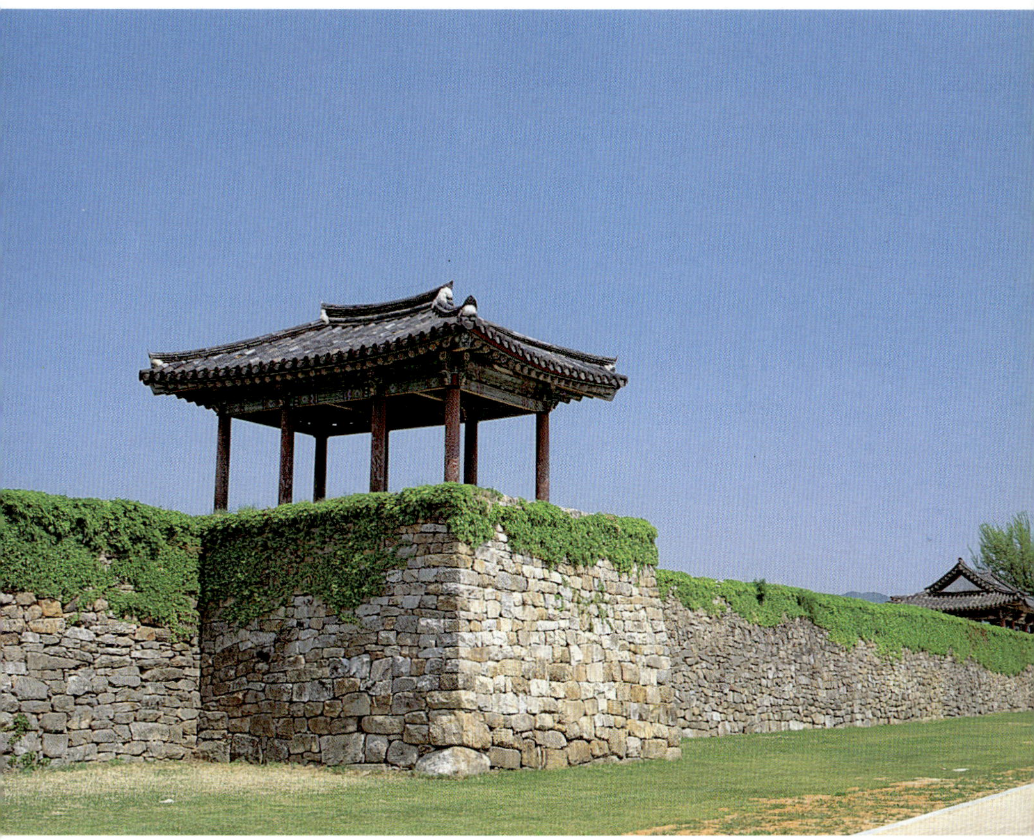

고창읍성(모양성)

고창군 일대는 조선시대에 고창현, 무장현, 흥덕현이 있다가 부군폐합령에 의해 하나의 군이 된 경우로 본래는 읍성이 셋이나 있었고 동헌이나 객사와 향교도 셋씩 있었다. 이 가운데 고창읍성이 가장 대표적인 읍성이다.

고창읍성은 전라북도 고창군 고창읍 읍내리에 있으며, 왜구를 막기 위해서 조선 초기에 돌로 쌓았다. 1872년경에 편찬된 『고창현읍지』 '성곽' 조에 "읍성을 돌로 쌓았는데, 둘레는 3,080척이고, 높이는 12척이다. 읍성 안에 못 2개소와 샘 4개소가 있다"고 하였다. 네 개의 샘 가운데 길령천(吉靈泉)은 아직도 많은 주민들에게 사랑을 받고 있다. 길령천 뒷동산에는 선정비 18기가 서 있다. 지금 남아 있는 성곽은 둘레가 1,684미터이고 높이는 4~6미터이며 면적은 5만 172평으로, 사적 제145호로 지정되어 있다. 백제시대에는 고창을 '모양부리(毛良夫里)'라고 불렀으므로, 고창읍성을 '모양성(牟陽城)'이라고도 부른다.

조선시대 고창읍성 안에는 관아 건물 22채가 있었는데, 성곽과 공북루(拱北樓) 외에는 전란에 다 불타 버렸다. 1976년부터 복원하기 시작해 현재 12채가 복원되었는데, 앞으로도 계속 복원할 예정이다. 현재 제작된 복원 계획도는 『고창현읍지』에 그려진 관아 배치도와 같은 구도이다. 고창읍성에는 본래 민가가 거의 없고 관아 건물만 들어서 있었기 때문에, 전국 읍성 가운데 가장 많은 관아 건물을 복원할 수 있는 곳이다.

고창읍성은 다른 읍성과 달리 남문이 없고, 오히려 북문이 정문 역할을 한다. 고창은 동쪽과 남쪽이 높고 서북쪽이 낮은 지역이므로, 진산(鎭山)인 반등산(半登山)을 둘러싸고 쌓은 읍성도 자연히 평지에 가까운 북쪽에 정문을 내게 되었다.

고창읍성 내부는 다른 읍성들처럼 평지가 아니라, 야산과 좁은 골짜기로 되어 있어 백성들이 들어와 살 수 있는 지형이 아니다. 관아와 객사가 다 있는 틀림없는 읍성이었지만, 사실상 민가가 들어설 자리는 없었다. 백성들은 성밖 평지에서 생활하다가 유사시에만 성안으로 들어와서 함께 싸웠다. 지금도 고창읍성 내부에는 민가가 한 채도 없으며 다른 읍성들처럼 도심 가운데 있지도 않다. 다른 읍성들은 읍성을 중심으로 시가가 확장되는 과정에서 성곽이 저절로 헐렸는데, 고창읍성은 처음부터 시가지와 떨어져 있어 성곽이 헐리지 않고 보존되었던 것이다.

실제로 고창읍성에서는 크고 작은 전투가 세 번이나 있었다. 정유재란 때에 현감 문희개(文希凱)가 성을 지키고 있었는데, 왜적이 남원을 함락시켰다는 소식을 듣고는 겁에 질려 부하들을 남겨 두고 달아났다. 그래서 성이 함락되자 조정에서 문희개를 잡아 올리라는 명령을 내렸다. 그뒤 동학혁명 때에는 동학군이 성을 점령하고 관아 건물을 불살랐으며, 한국전쟁 때에도 고창읍성에서 전투가 있었다.

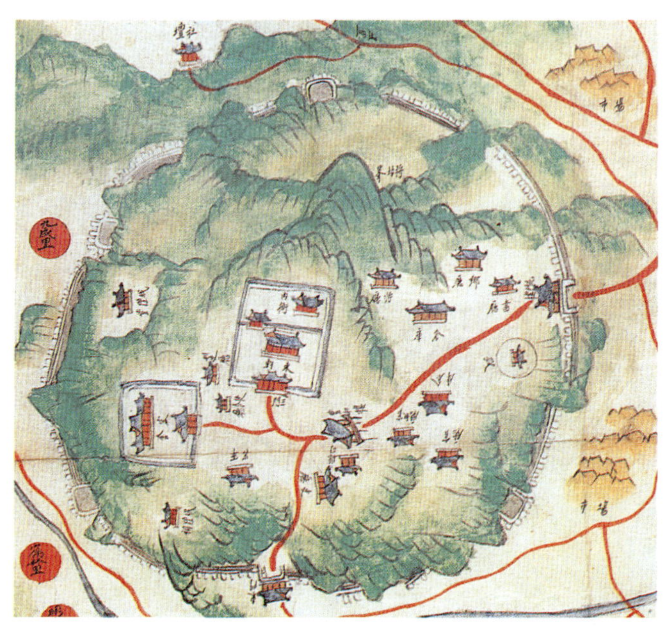

고창현지도 부분
1872년, 104×70센티미터, 서울대학교 규장각 소장.

축성

조선시대의 읍성들은 대부분 평지에 양쪽을 돌로 쌓고, 성문 위에 누각을 지어 적을 감시하며 전투를 지휘하였다. 그런데 고창읍성은 나지막한 야산을 이용하여 바깥쪽만 돌을 쌓았다. 그래서 성밖에서 보면 성벽이 높지만 안에서 보면 그리 높지 않다. 성문 앞 세 군데에 옹성을 둘러쌓아 성문을 보호하였다.

성돌은 자연석을 거칠게 다듬어 쌓고 사이사이에 굄돌을 넣어 맞추었는데, 주춧돌이나 대리석, 심지어는 당간지주까지도 섞여 있다. 부근에 있던 어느 폐사의 석재를 가져다 쓴 듯하다. 북문인 공북루의 주춧돌 가운데는 높이가 1미터가 되는 것도 있지만, 주춧돌 없이 땅바닥까지 내려온 기둥도 있다.

성곽에는 북문·동문·서문과 옹성 3개소, 치성 6개소, 수구문 2개소가 갖추어져 있으며, 성밖에는 해자도 있다. 북문인 공북루에서 성곽 위에 올라 걷기 시작하면 한 시간이 채 못 되어 한 바퀴를 다 돌 수 있다.

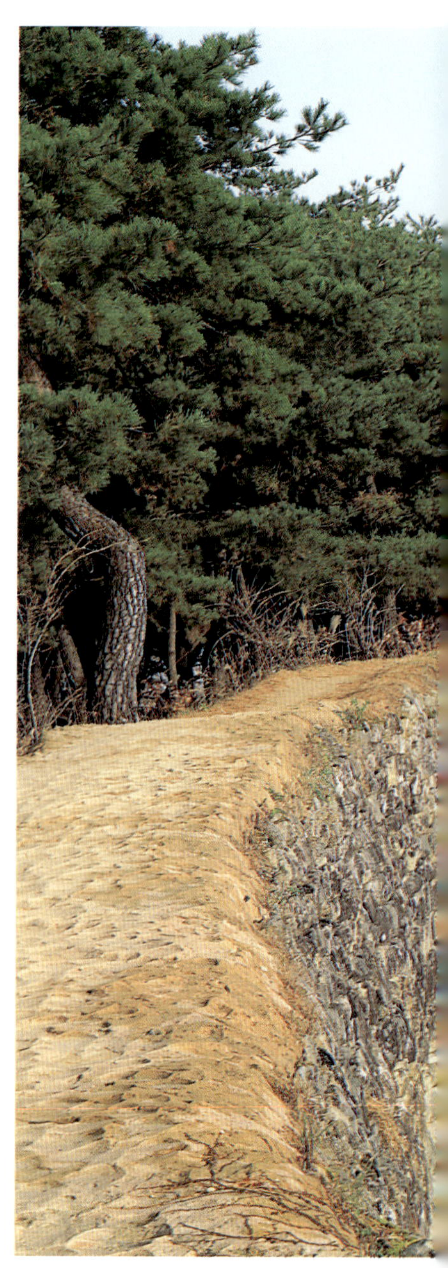

고창읍성 성곽 성돌은 자연석을 거칠게 다듬어 쌓고 사이사이에 굄돌을 넣어 맞추었는데, 주춧돌이나 대리석, 심지어는 당간지주까지도 섞여 있다.

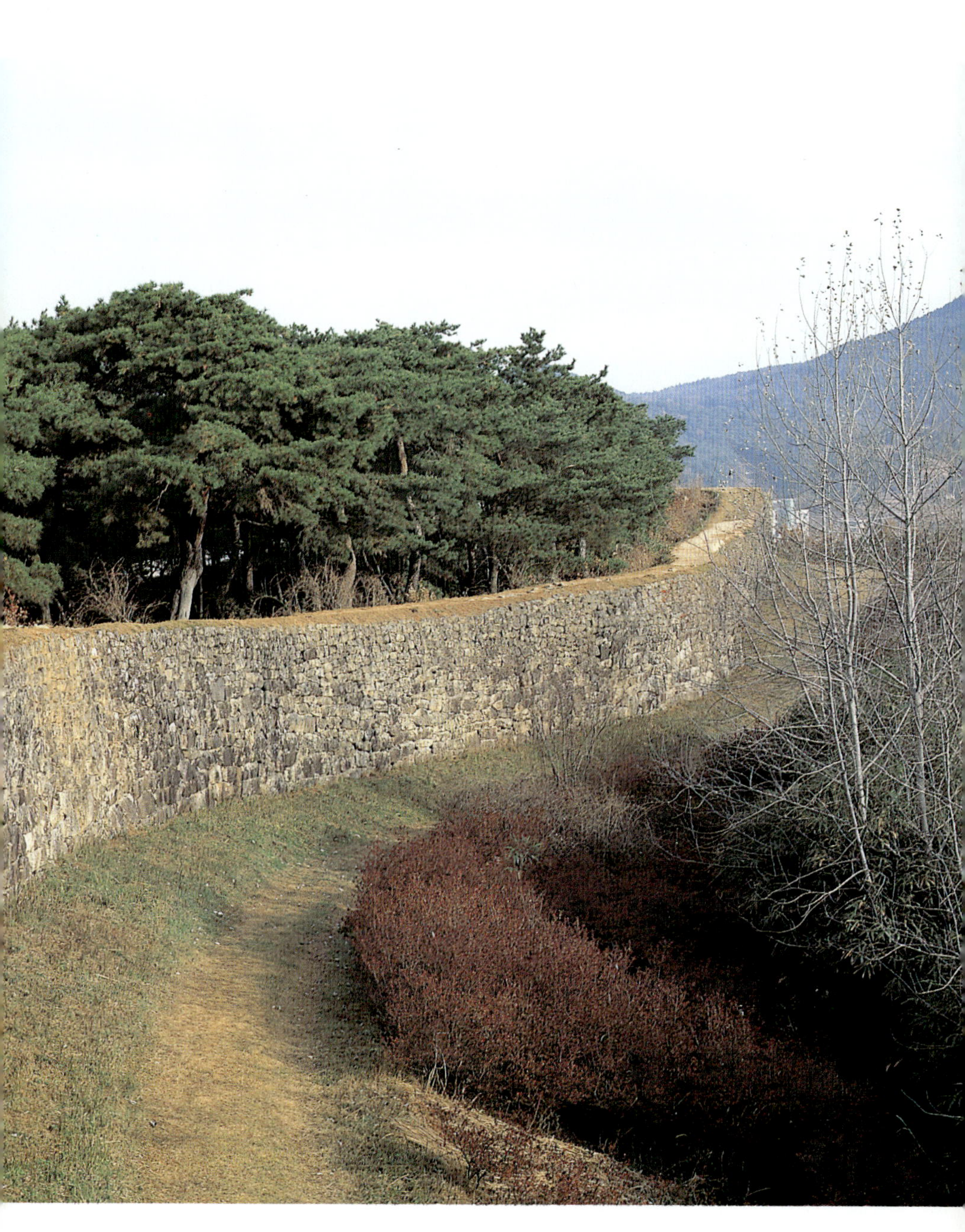

표석

고창읍성을 쌓기 위해 전라도 여러 고을의 백성들이 동원되었고 이들에게는 각기 공사 구간이 정해졌다. 이렇듯 공사 구간마다 고을 이름을 새긴 돌이 바로 표석이다. 고을 이름은 성곽 또는 땅바닥에 조그만 돌을 세워 새기기도 했다. '화순시(和順始)'라는 표석은 그곳에서부터 화순군 백성들이 공사했다는 뜻이며, '나주시(羅州始)'라는 표석은 그곳에서부터 나주목 백성들이 공사했다는 뜻이다. 여러 고을에서 동원되었지만, 역시 고창과 가까운 고을 백성들이 많이 동원되었다.

'계유소축송지정(癸酉所築宋芝政)'이라는 표석도 있어 이 성이 계유년에 쌓았음을 알 수 있는데, 여기서 계유년은 1453년이라고 짐작된다. 세종 때부터 이 무렵까지 전국적으로 읍성을 쌓았기 때문이다. 송지정(宋芝政)은 이 구간의 공사 책임을 맡았던 석공이 아닌가 짐작된다.

신재효 고택, 동리정사

성문 앞 광장에 판소리 공연장인 동리국악당(桐里國樂堂)이 있고, 그 앞에 신재효 고택이 있다. 이 집은 고창읍성 바깥에 있지만, 여기서부터 구경하기 시작해야 고창읍성을 제대로 즐길 수 있다. 집안 대대로 고창현 아전을 지내 살림이 넉넉했던 신재효는 자기가 좋아하던 판소리 정리에 힘쓸 수 있었다. 그때까지 열두 마당으로 전하던 판소리 사설 가운데 여섯 마당을 골라서 정리하고, 이 집에서 수많은 명창들을 키워냈다. 이 집은 읍성 아전의 살림집이 어느 정도 넉넉했는지 살펴볼 수 있는 민속 자료이면서, 판소리 명창들을 키워낸 현장이기도 하다.

그의 호를 딴 고택 동리정사(桐里精舍)는 1850년대에 지었는데, 이 집에서 그는 1884년 세상을 마칠 때까지 판소리를 즐기며 살았다. 지금의 집은 그의 아들이 1899년에 중수한 형태이다. 당시에는 안채를 포함해서 크고 작은 건물이 여러 채 있었지만, 지금은 사랑채만 남아 있다. 일제강점기에는 고창경찰서 관사로 사용되면서 함석지붕으로 고쳤으나, 중요민속자료

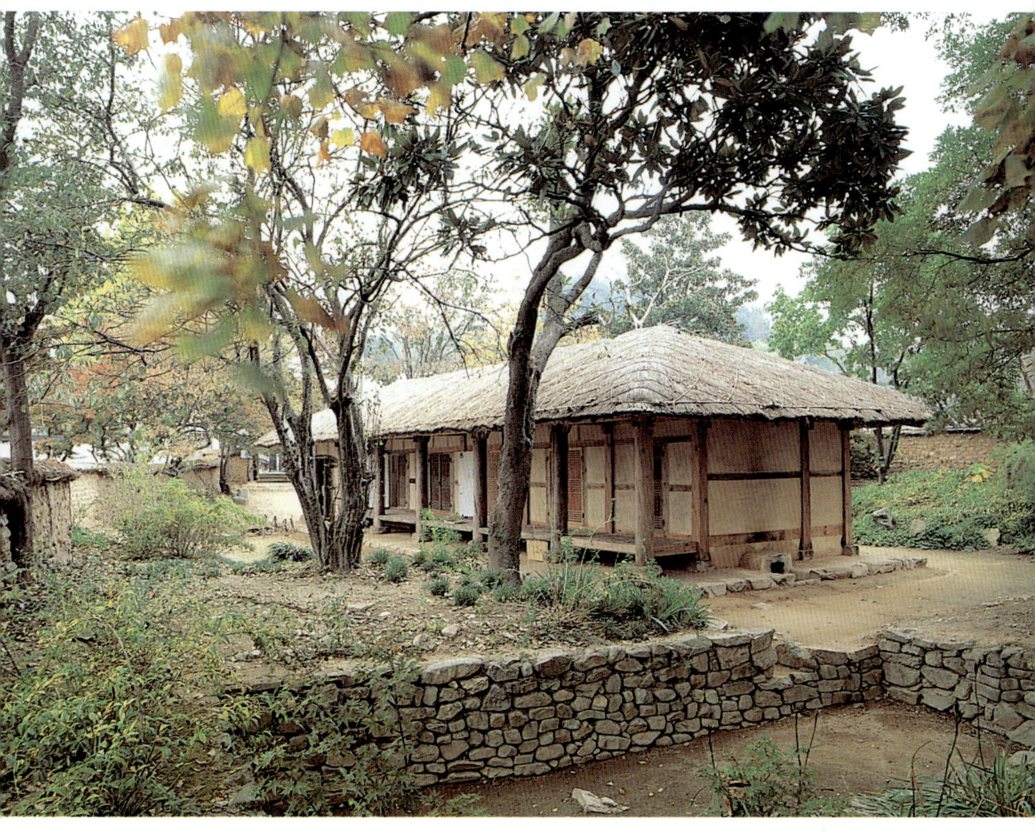

신재효 고택 고창읍성 성문 앞 광장에는 판소리 공연장인 동리국악당이 있고, 그 앞에 신재효 고택이 있다. 신재효는 여기서 열두 마당으로 전하던 판소리 사설 가운데 여섯 마당을 골라서 정리하고 수많은 명창들을 키워냈다.

제39호로 지정되면서 정면 6칸, 측면 2칸의 초가집인 옛 모습을 되찾았다.

이 집 뒤에는 큰 연못이 있었는데, 메운 뒤에 고창경찰서가 들어섰다. 지금은 오른쪽에 작은 연못이 하나 남아 있고, 왼쪽에 우물이 하나 있다. 막돌 기단 위에 막돌 덤벙주춧돌을 놓고, 툇마루에 두리기둥을 세웠다. 대청 양쪽으로 방이 있지만 출입문은 내지 않았다. 대청마루가 방과 연결되지 않은 하나의 공간이어서 벌렁 누워 판소리라도 들으면 제격이다.

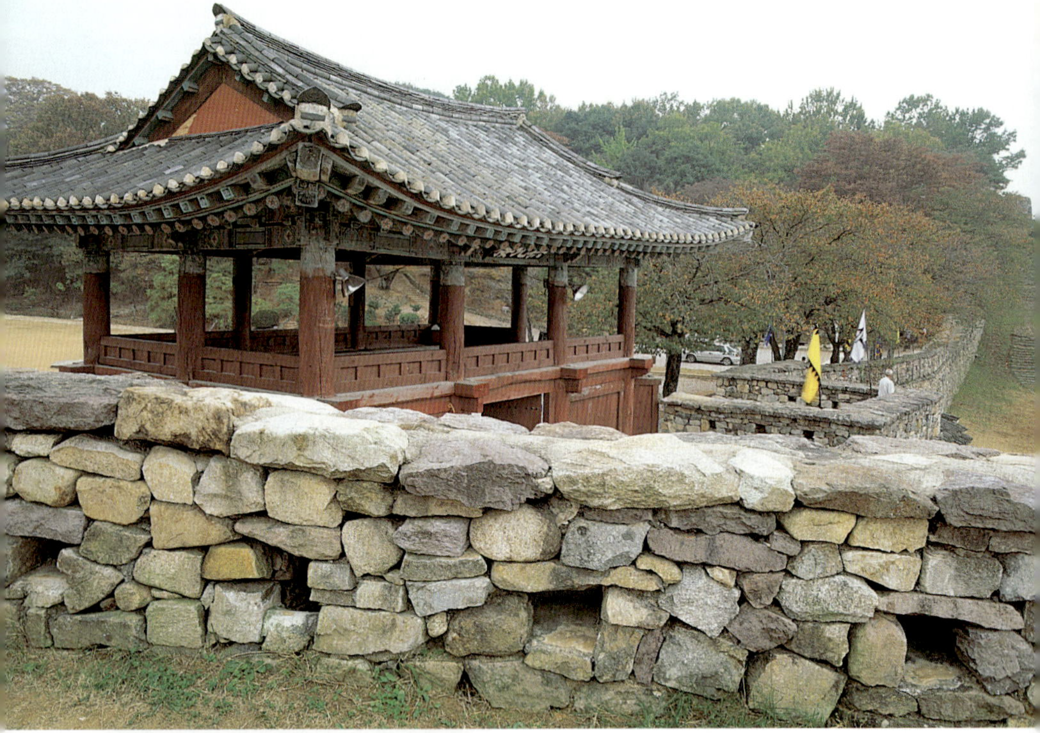

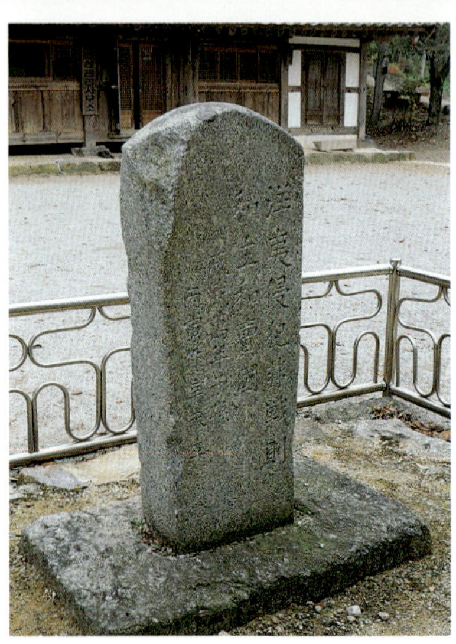

공북루 관아의 외삼문 형태인데 성문 앞에 옹성을 둘렀다. 옹성에는 군졸들이 몸을 숨길 수 있도록 여장을 쌓았으며 안에서 밖을 살필 수 있는 현안과 총을 쏠 수 있는 총안도 설치하였다. (위)

척화비 쇄국 정책을 내세웠던 흥선대원군이 1871년에 세운 것이다. 척화비에는 서양과 화친을 경계하는 내용이 새겨져 있다. (왼쪽)

공북루

고창읍성의 정문은 북문인 공북루이다. 읍성 성문들은 대부분 성벽 가운데 홍예문을 만들고 그 위에 초루를 세웠는데, 고창읍성의 북문인 공북루는 주춧돌 위에 문루를 세우고 문짝을 달았다. 낮은 기단 위에 세웠는데, 앞쪽은 자연석을 주춧돌로 삼았고 뒤쪽은 화강석 석주 위에 둥근 기둥을 세워서 2층 문루를 만들었다. 관아의 외삼문 형태인데, 성문 앞에 옹성을 둘러 보호했기 때문에 이런 형태가 가능했을 것이다.

공북루 앞 옹성에는 군졸들이 몸을 숨길 수 있도록 여장을 쌓았으며, 안에서 밖을 살필 수 있는 현안(懸眼)과 총을 쏠 수 있는 총안도 설치하였다. 공북루 상량문에 의하면 순치 3년(1646) 12월에 세웠고, 그뒤 세 번 중수했다고 한다. 현재 공북루에서는 칼을 든 수문장과 창을 든 순라 포졸이 성문을 지키는 모습을 재현하고 있으며, 수십 개의 진영 깃발이 세워져 있다.

척화비

성문을 들어서면 오른쪽으로 조그만 비석이 서 있는데, 쇄국 정책을 내세웠던 대원군이 1871년에 세운 척화비(斥和碑)이다. 척화비 앞면에는 "서양 오랑캐가 침범하는데 싸우지 않으면 화친하는 것이다. 화친을 주장하는 것은 나라를 팔아먹는 것이다(洋夷侵犯 非戰則和 主和賣國)"라는 열두 자가 크게 새겨져 있고, 그 옆에는 "우리들 만년 자손에게 경계하노라! 병인년에 짓고 신미년에 세운다(戒我萬年子孫 丙寅作 辛未立)"고 하는 열두 글자가 작게 새겨져 있다. 1882년 임오군란 때에 대원군이 청나라로 납치되자, 일본 공사가 우리 조정에 척화비를 철거하라고 요구하였다. 대부분의 척화비는 이때 철거되었거나 땅속에 묻혔다.

향청

척화비 뒤쪽에 서청(書廳)과 향청이 있다. 서청은 문서나 도서를 보관하던 건물로 27평 기와집이며, 향청은 향장(鄕長)이나 좌수가 집무하던 건물

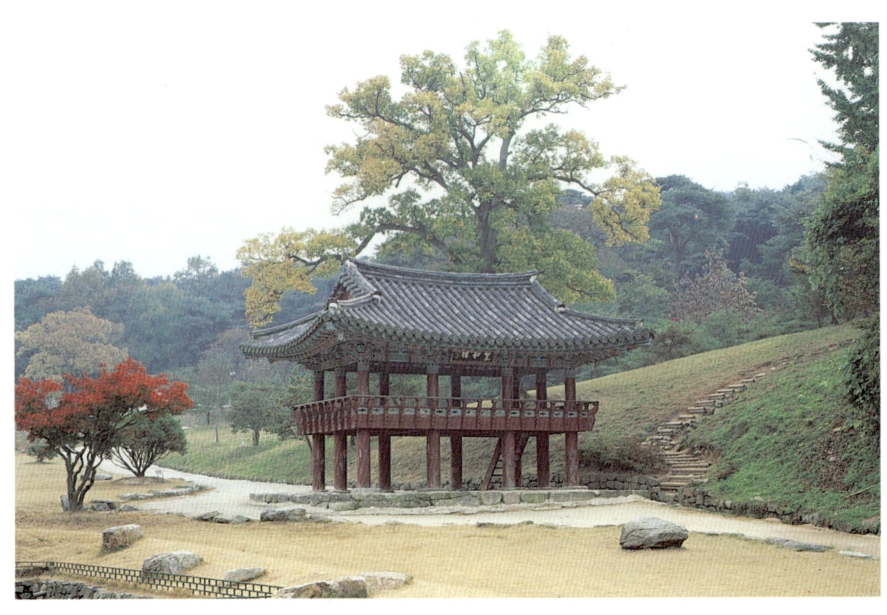

풍화루 독립된 건물이면서 객사나 동헌의 외삼문 역할을 한다. 예전에는 이곳에서 연회를 베풀었다고 한다.

로 28평 기와집이다. 향청은 지방의 양반들이 중앙에서 내려온 수령을 자문 보좌하던 자치 기구인데, 조선 초기에는 '유향소'라고 하다가 임진왜란 이후 향청이라고 불렀다. 악질 향리들이 백성을 괴롭히는 것을 막고 향풍을 바로잡는 등 향촌 교화를 목적으로 시작되었다. 건물은 없고 터만 남아 있던 것을 1983년 발굴 조사를 통해 그 규모와 구조를 확인하고, 1993년에 옛 모습대로 복원하였다.

풍화루

공북루를 통해 고창읍성에 들어서면 가운데 큰길이 나 있는데, 오른쪽에는 서청과 향청이 있고, 건너편 왼쪽에는 옥터와 노청(奴廳) 터가 있다. 그 사이로 계속 올라가면 풍화루(豊和樓)가 나타난다.

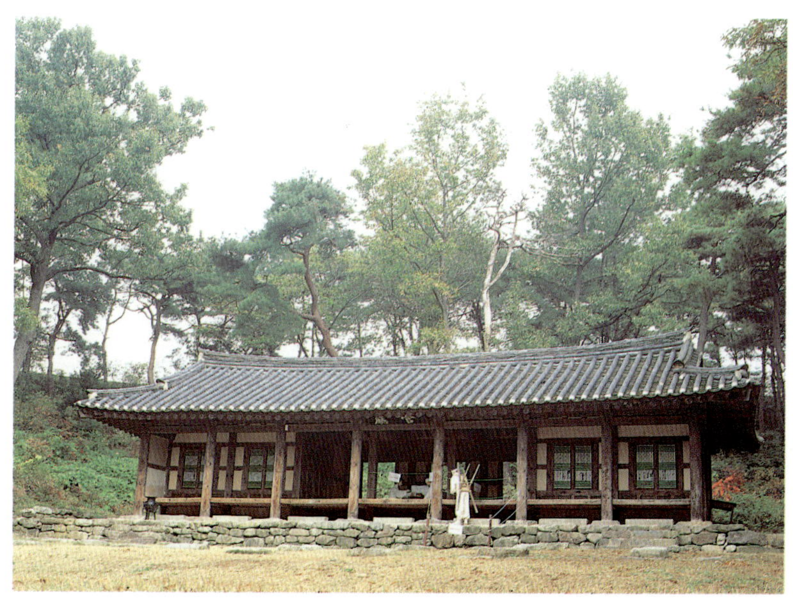

관청 현감의 식생활과 각종 잔치를 관장하던 곳으로 1992년 옛 모습대로 28평 기와집을 복원하였다. 지금 우리가 사용하는 관청의 의미와는 다르다.

관아 건물들 한가운데 들어선 문루이다. 풍화루를 지나면 동헌과 객사가 있기 때문에, 풍화루는 독립된 건물이면서 객사나 동헌의 외삼문 역할을 한다. 예전에는 이곳에서 연회를 베풀었다고 한다. 정면 3칸, 측면 2칸인데 12평으로 복원하였다.

관청

풍화루 왼쪽에 지방 행정을 관장하던 현청 터가 있으며, 그뒤에 주방 업무나 회계 사무를 관장하던 관청이 있다. 관청은 흔히 관주라고도 하였는데, 현감의 식생활과 각종 잔치를 관장하던 곳이다. 1991년에 옛터를 발굴 조사하여 그 규모와 구조를 확인하였고, 1992년 옛 모습대로 28평 기와집을 복원하였다.

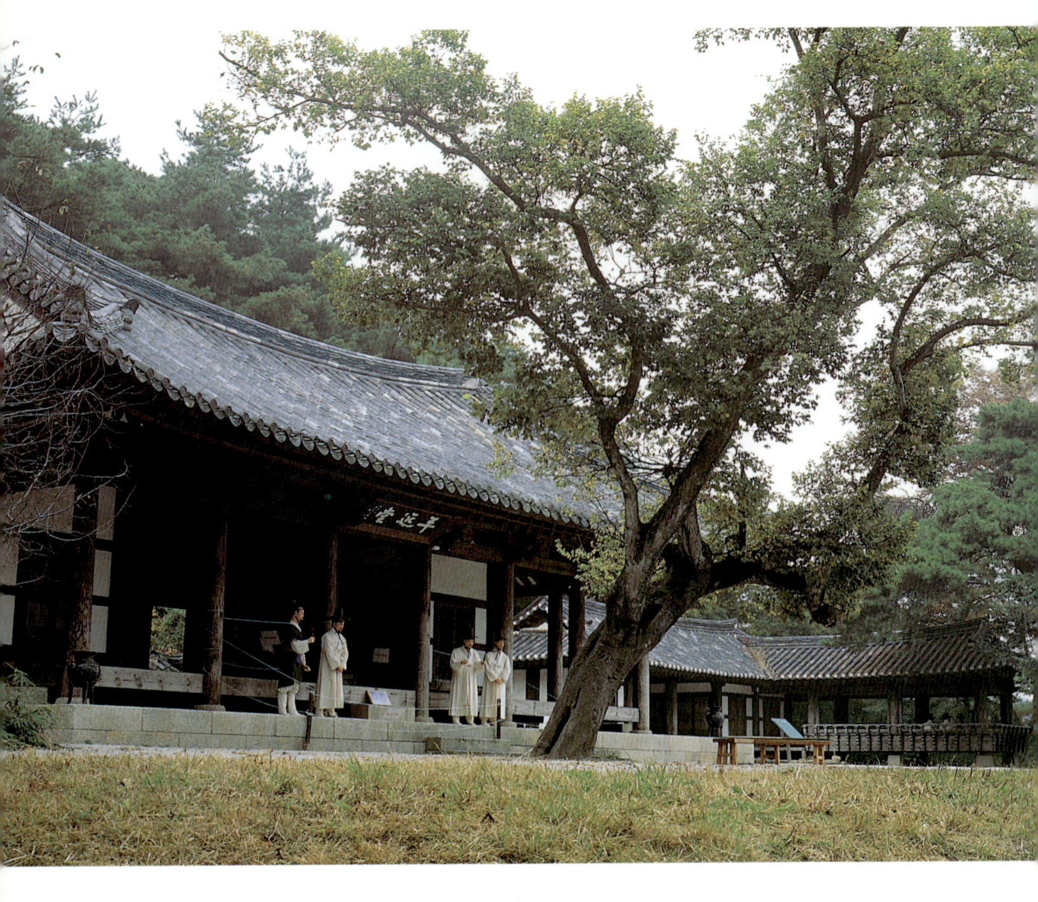

동헌과 내아 풍화루를 지나 오른쪽 언덕 위에 있다. 다른 읍성의 동헌들은 위엄이 넘치는 데 비해, 이곳은 숲으로 둘러싸여 있어서 학문하는 선비의 정사같이 고즈넉한 느낌이 든다.

동헌과 내아

풍화루를 지나면 오른쪽 언덕 위에 기와집 두 채가 있는데, 위의 건물은 현감이 집무하던 동헌이고 아래의 건물은 현감 가족이 살림하던 내아다. 동헌은 선조 25년(1592) 이전에 세운 건물로 1987년 발굴 조사를 통해 유구를 확인하였다. 동헌은 1987년에 35평 기와집으로, 내아는 1988년에 24평 기와집으로 복원하였다. 다른 읍성의 동헌들은 위엄이 넘치는데, 고창읍성의 동헌은 숲으로 둘러싸여 있어서 학문하는 선비의 정사(精舍)같이 고즈넉한 느낌이 든다.

진서루

동헌에서 성곽 쪽으로 내려가면 고창읍성의 서문인 진서루가 있는데, 정조 10년(1786)에 폐문되었다. 1976년 발굴 결과 서문 터를 확인하고, 1977년에 12평으로 복원하였다. 정면 3칸, 측면 2칸의 문루 형식인데, 기둥 사이에 판문을 달아 전투할 때에는 피할 수 있도록 하였다. 성문 앞에는 옹성이 둘러져 있다. 객사에서 진서루로 내려가는 오솔길 중간에 대숲이 있는데, 고창읍성에서만 자라는 맹종죽(孟宗竹)이 높이 자라 시원한 그늘을 드리우고 있다.

등양루

작청 동쪽에 있다. 고창읍성의 동문인데, 무너진 뒤에 자취만 남아 있었다. 1977년에 정면 3칸, 측면 2칸의 12평 기와집을 복원하였는데, 기둥 사이에 판문을 달아 전투할 때에는 피할 수 있도록 하였다. 성문 앞에는 옹성이 둘러져 있다.

작청

이방이 근무하던 건물로, 고창읍성의 관아 가운데 가장 최근까지 남아 있었다. 작청 자리에 고창여자중학교를 세우면서 그 건물을 철거하고 지금

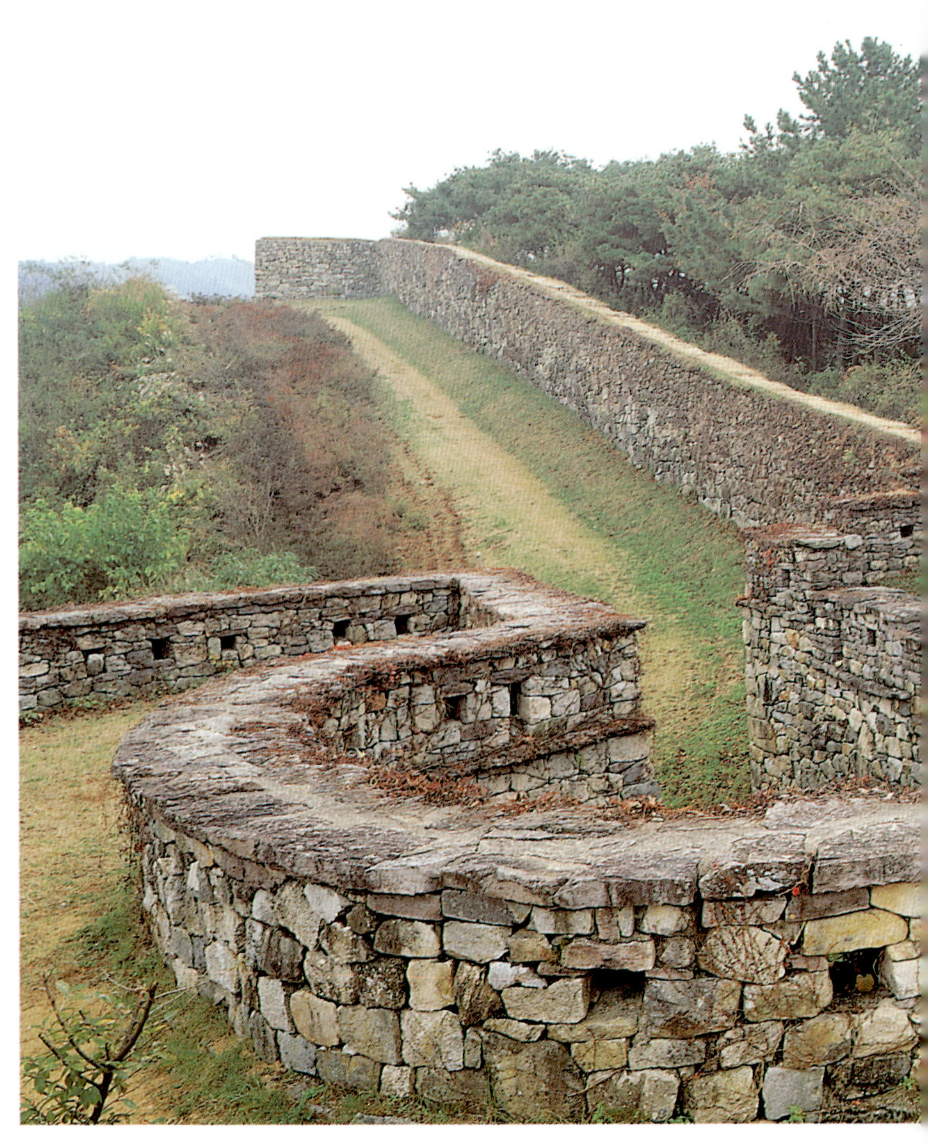

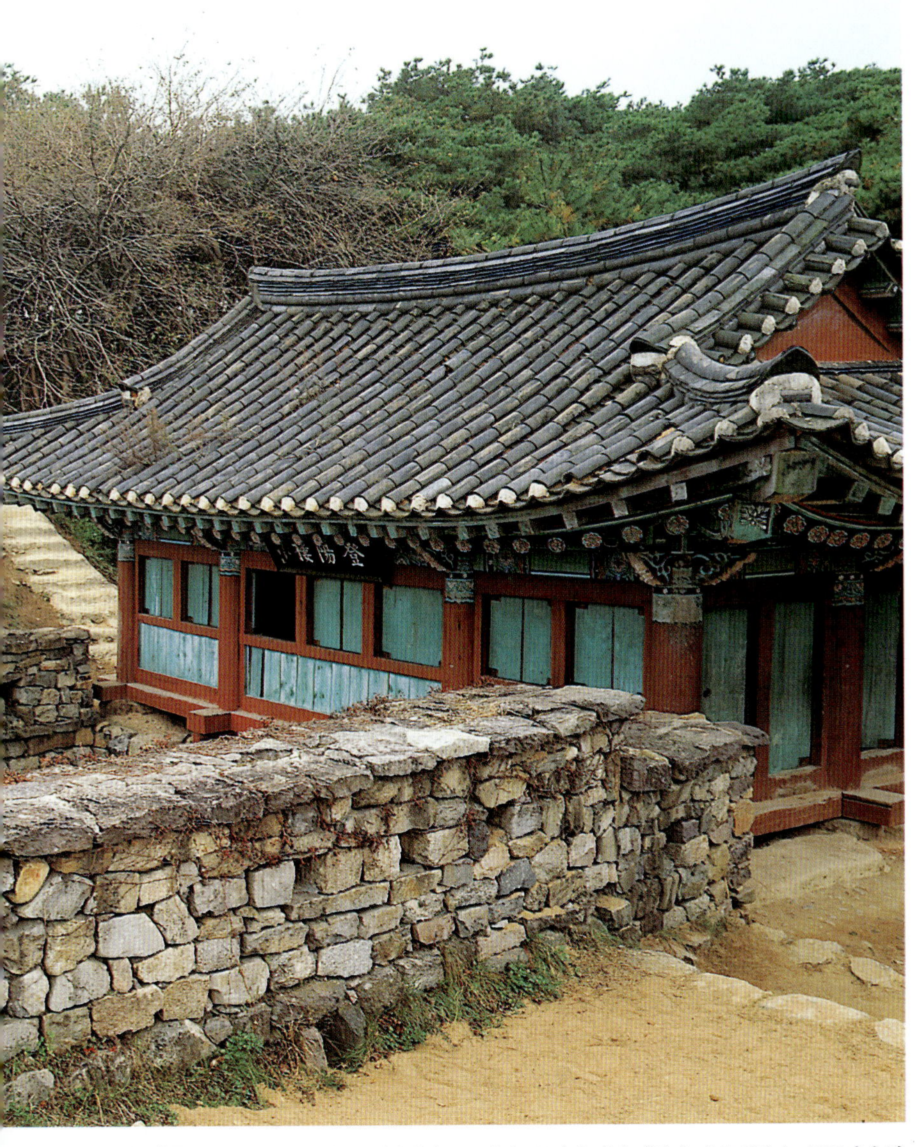

등양루 작청 동쪽에 있다. 고창읍성의 동문인데, 무너진 뒤에 자취만 남아 있었다. 1977년에 정면 3칸, 측면 2칸의 12평 기와집을 복원하였으며 성문 앞에는 옹성이 둘러져 있다.

의 약수터가 있는 길영천 부근으로 옮겨 세워 사용했다. 그뒤 고창읍성을 복원하면서 고창여자중학교를 성밖으로 이전하고, 옛 자리를 찾아서 1991년에 28평 기와집으로 복원하였다.

객사

고창읍성의 관아 가운데 가장 높고도 큰 건물이다. 1988년 발굴 조사를 통해 유구를 확인하고, 1991년 66평 기와집으로 복원하였다. 석축 위에 정면 3칸의 정당이 있고, 왼쪽과 오른쪽에는 정면 4칸의 곁채가 있는데, 정

작청 이방이 근무하던 건물로 고창읍성의 관아 가운데 가장 최근까지 남아 있었다. 1991년에 옛 자리를 찾아서 28평 기와집으로 복원한 것이다.

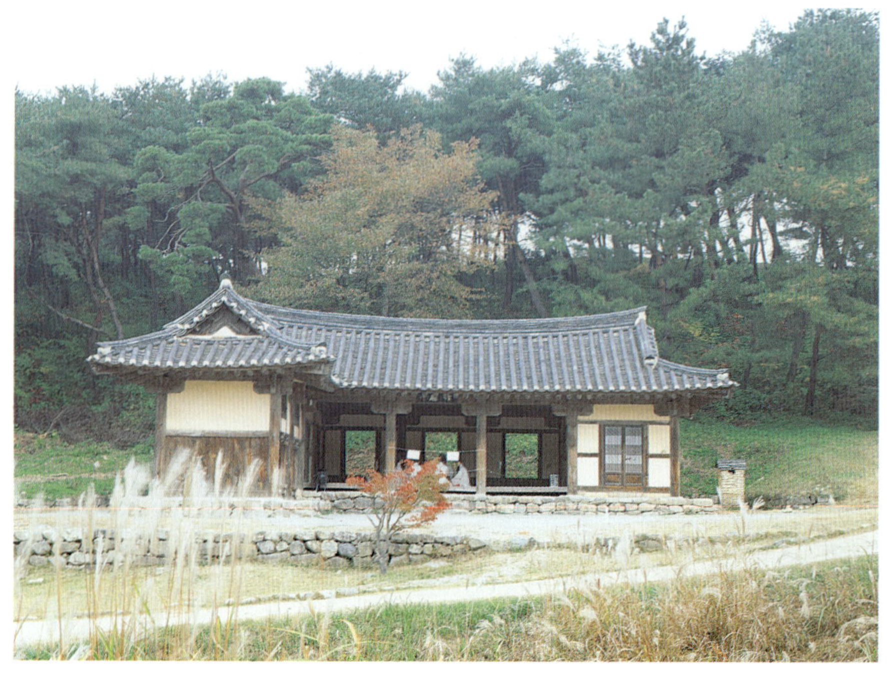

당은 앞으로 돌출되었다. 고창의 옛 이름을 따서 '모양지관(牟陽之館)'이
라는 편액을 걸었다.

성황사

객사 뒷산에 성황사가 있는데, 읍성의 수호신을 모신 곳이다. 서낭신은
하늘 가장 가까운 곳에 모시게 되므로 객사 뒷산에 성황사를 지었다. 1991
년에 성황사 터를 발굴 조사하여 규모와 구조를 확인하고, 옛 모습대로 4
평 기와집으로 복원하였다.

성황사 읍성의 수호신이자 고을의 수호신인 성황신을 모신 곳으로 객사 뒷산에 있다. 해마다 중
양절에 모양성제가 시작되면 이곳에서 성황신에게 제사를 지낸다.

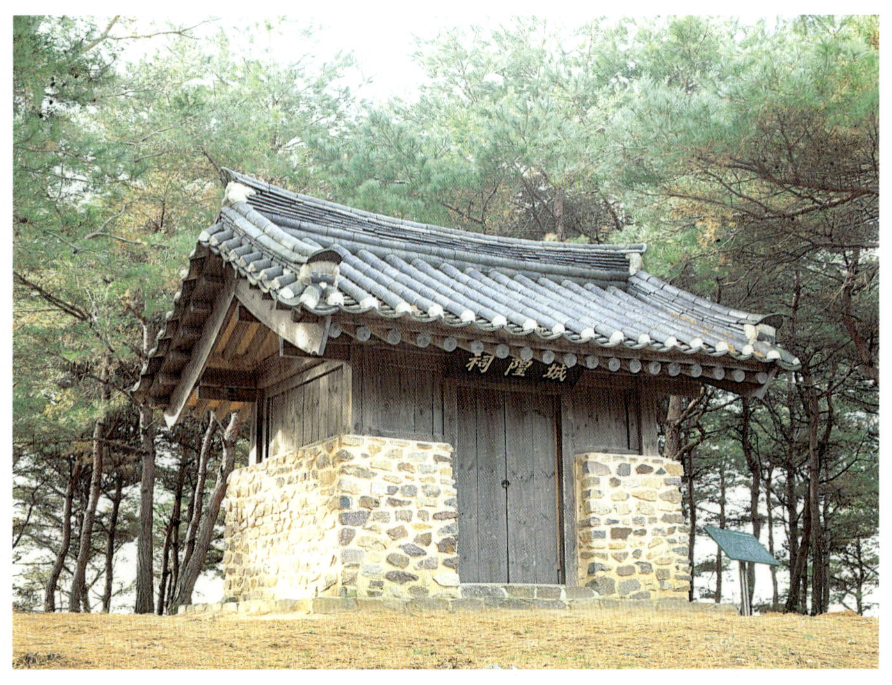

지금도 해마다 음력 9월 9일 중양절(重陽節)에 모양성제(牟陽城祭)가 시작되면 이곳에서 성황신에게 제사지낸다.

성밟기

고창읍성을 부녀자들이 쌓았다는 전설이 있다. 옛날 두 곳에다 성을 함께 쌓았는데, 서산고성은 남자들이, 고창읍성은 여자들이 쌓았다고 한다. 이기는 마을에다 고을을 두기로 했으므로, 두 곳 다 경쟁적으로 열심히 성을 쌓았다. 남자들은 여인들의 힘을 얕잡아 보았기 때문에 날마다 술 마시고 노래 부르며 시간을 보냈다. 그러나 여인들은 쉬지 않고 열심히 돌을 날라다 성을 쌓았기 때문에 고창읍성이 먼저 완성되어, 이곳에 고을을 정했다고 한다. 서산고성은 고창읍성에서 20리쯤 떨어진 곳에 쌓았는데, 아산면 봉덕리에 그 터가 남아 있다. 그러나 1992년 서산고성을 조사한 결과, 고창읍성보다 훨씬 오래 전인 삼국시대에 테뫼식 석성으로 쌓은 것이 밝혀졌다. 따라서 고창읍성을 부녀자들이 쌓았다는 전설은 사실이 아닌 것으로 밝혀졌다.

그러나 고창읍성을 부녀자들이 쌓았다는 전설은 부녀자들이 해마다 성밟기를 행하면서 계속 전승되고 있다. 성을 밟으면 잔병 없이 오래 살고 극락에 간다는 속신이 있는데, 특히 저승문이 열리는 윤달에 성을 밟으면 더 좋다고 한다. 같은 윤달이라도 윤3월이 좋고, 엿샛날 저승문이 열리기 때문에 초엿새나 열엿새, 스무엿샛날 성을 밟으면 더 좋다고 한다.

성을 한 바퀴 돌면 다리병이 낫고, 두 바퀴 돌면 무병장수하며, 세 바퀴 돌면 극락 승천한다고 한다. 정월 대보름날 다리를 밟으면 일년 동안 다리에 병이 나지 않는다고 해서 다리밟기〔踏橋〕놀이가 많은 곳에서 행해지는데, 이곳에서는 성을 세 바퀴까지 도는 성돌이가 전승되고 있다. 고창읍성 성돌이는 손바닥만 한 돌을 머리에 이고 도는 것이 특징이다. 성을 세 바퀴 돌고 나면, 출발 지점인 성문 앞에다 그 돌을 쌓아 둔다.

예전에는 저승길 노잣돈인 곡식이나 동전을 준비해서 성의 왼쪽으로 돌

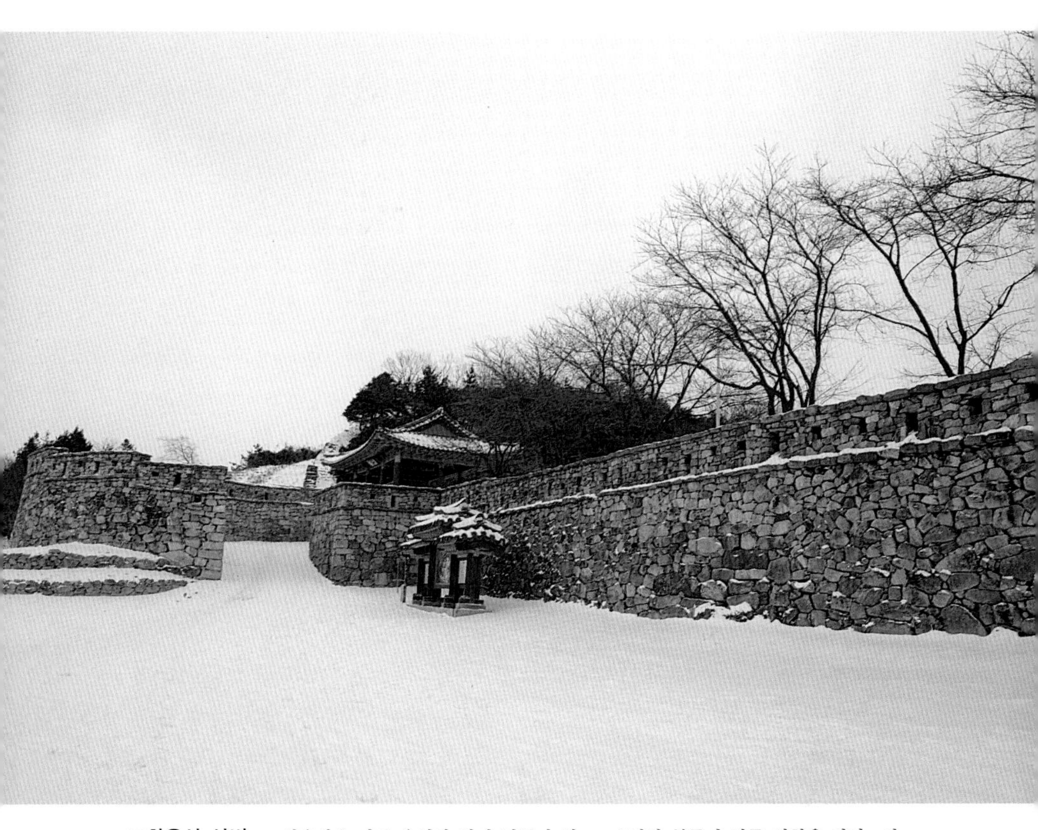

고창읍성 성벽 고창읍성은 다른 읍성과 달리 남문이 없고, 오히려 북문이 정문 역할을 한다. 관아와 객사가 다 있는 틀림없는 읍성이었지만, 평지가 아니라 야산과 좁은 골짜기로 되어 있어서 민가가 들어설 자리는 없었다.

기 시작했는데, 중간에 있는 옹성이나 치성에 이를 때마다 곡식 봉지나 동전 몇 푼씩을 놓고 "저승길 노수요" 하면서 합장 삼배했다. 또 오르막길에 이르면 "압록강 건너서" 또는 "두만강 건너서" 등 저승 극락에 가게 해 달라고 빌기도 했다.

고창읍성을 여인들의 힘만으로 쌓은 것은 아니라 할지라도 여인들이 흙 한 줌, 돌 하나라도 머리에 이고 나르면서 대역사에 참여했을 가능성은 충분하다. 머리에 돌을 이고 도는 수많은 여인들의 체중에 의해서 성이 더 단단해졌을 거라는 효용성도 있고, 왜구들을 막기 위해 쌓은 읍성이므로 유사시 석전(石戰)에 대비하기 위하여 돌을 쌓아 둔다는 효용성도 있다. 또 20척 가까이 되는 높은 성 위에서 돌을 머리에 이고 한 손만으로 균형을 잡으며 두어 시간 걷다 보면 충분한 운동이 되어, 글자 그대로 병 없이 한 해를 살게 되는 효용성도 있다.

고창군에서는 해마다 중양절을 군민의 날로 정하고, 모양성제를 개최하여 답성(踏城) 놀이를 재현한다. 고창군뿐만 아니라, 전국 각지에서 모여든 여인들이 잔병이 없기를 기원하며 성돌이를 한다.

무장읍성

조선왕조가 건국되면서 고려시대의 무송현과 장사현을 무장현(茂長縣)으로 합병했는데, 장사현이 바닷가에 있어 왜구들의 침략을 자주 받자 내륙 쪽으로 옮겼다. 이때 무장읍성을 쌓고 동헌과 객사를 새로 지었는데, 지금의 전라북도 고창군 무장면 성내리 일대에 무장읍성이 있었다.

무장읍성은 태종 17년(1417) 병마절도사 김저래(金著來)가 호남 여러 고을의 백성과 승려 2만여 명을 동원하여 4개월 동안 쌓았다. 김저래는 『무장읍지』 「관안(官案)」에 기록된 무장현 최초의 현감으로, 영락 15년(1417)에 부임했다고 한다.

현재 성곽은 무장읍성의 남문인 진무루(鎭茂樓)에서 시작하여 무장초등학교 뒷산을 거쳐 무장면에서 해리면으로 가는 길 왼편까지 뻗어 있다. 읍성 안에는 객사와 동헌이 옛 모습 그대로 남아 있다. 옛 건물 주위에는 다른 건물들의 유구도 흩어져 있다. 무장읍성은 지방기념물 제11호이다. 예전에는 흙으로만 쌓은 토성으로 알려졌지만, 몇 년 전에 도로 확장 공사를 하다가 성벽의 동쪽 끝부분 단면이 드러나게 되었는데, 흙과 돌을 섞어서 쌓

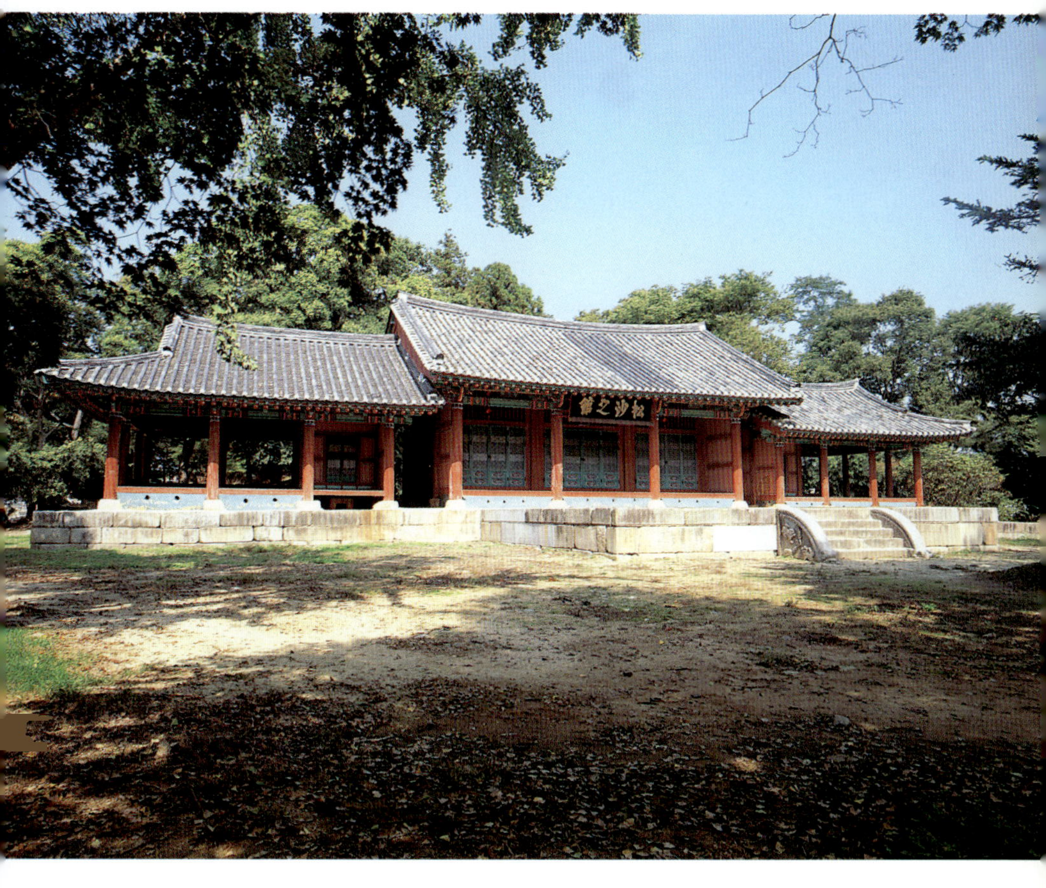

무장읍성 객사 가운데 본채가 솟은 건물로 왼쪽과 오른쪽에 곁채가 달려 있다. 높이 80센티미터
돌축대 위에 세워졌는데, 돌계단에 호랑이 및 구름무늬 등이 양각되어 있다.

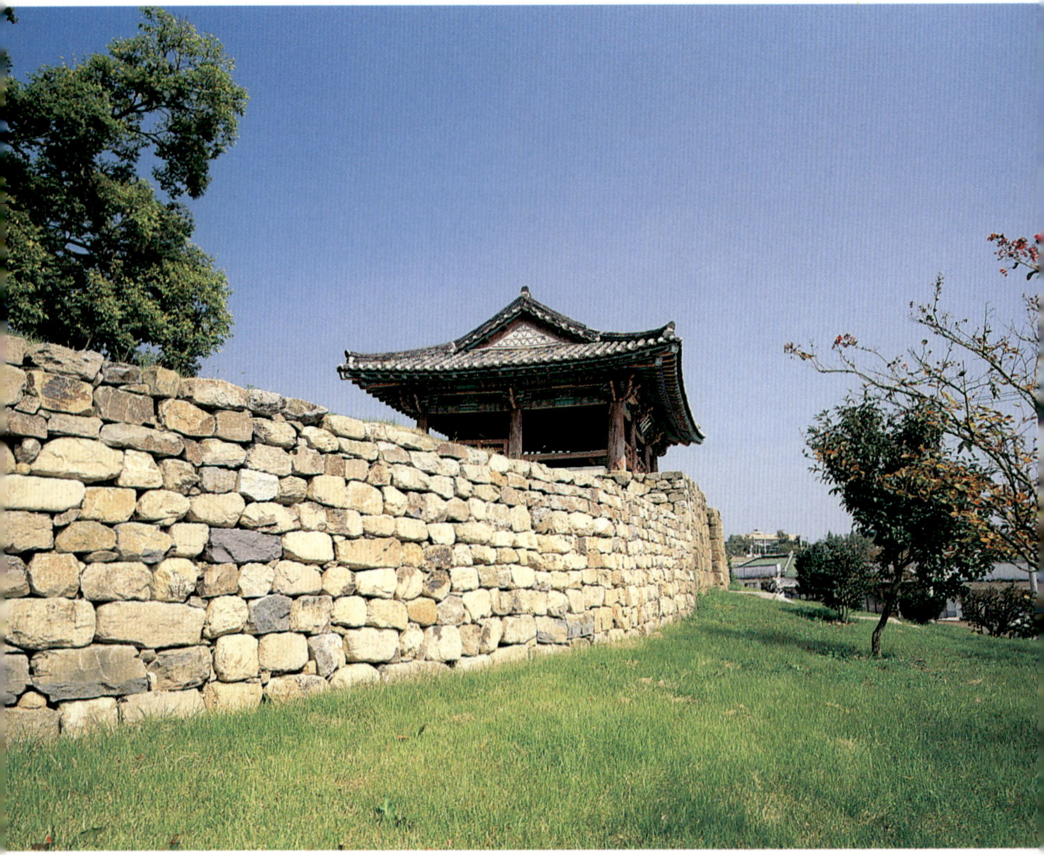

앓음이 확인되었다.

무장현 객사는 1581년에 지었다고 하며, 가운데 본채가 솟은 건물로 왼쪽과 오른쪽에 곁채가 달려 있다. 정면은 가운데 본채가 3칸, 좌우 곁채가 4칸씩이고, 측면은 3칸이다. 높이 80센티미터의 돌축대 위에 세워졌는데, 돌계단에 호랑이 및 구름무늬 등이 양각되어 있다. 무장면사무소 건물로 사용하다가 1997년 무장현 객사 옛 자리에 새로 복원하였으며, 전라북도 지정 유형문화재 제34호이다.

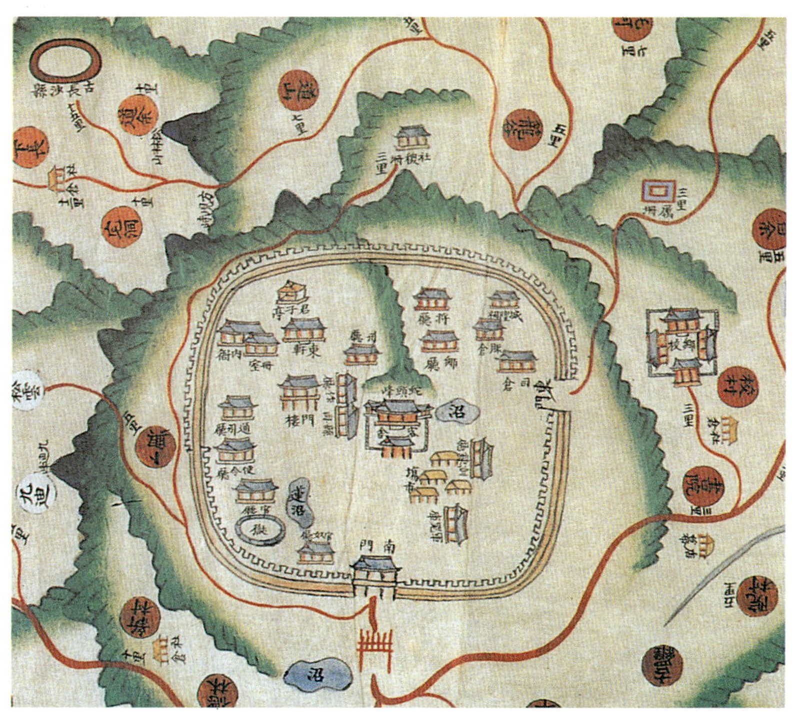

무장현지도 부분 1872년, 116×70센티미터, 서울대학교 규장각 소장. (위)
진무루와 성곽 무장읍성 성곽은 남문인 진무루에서 시작하여 무장초등학교 뒷산을 거쳐 무장면
에서 해리면으로 가는 길 왼편까지 뻗어 있다. (옆면)

　무장현 동헌은 1565년에 지었는데, 정면 6칸, 측면 4칸의 겹처마 단층
팔작지붕 기와집이다. 높이 45센티미터의 석축 위에 주춧돌을 놓고 두리기
둥을 세웠는데, 관아 건물의 위엄을 보이느라고 기둥이 높은 편이다. 이
건물도 최근까지 무장초등학교 교사로 쓰면서 구조가 일부 변경되었는데,
1984년에 원형에 가깝도록 복원하였다. 전라북도 지정 유형문화재 제35호
이다.

경주읍성

신라시대의 도성

경주에는 산과 물이 알맞게 어우러져 예부터 도시가 들어설 자연 환경이 구비되었다. 남쪽의 금오산, 동남쪽의 토함산, 서남쪽의 단석산, 서북쪽의 구미산이 첨성대를 기점으로 반경 12킬로미터의 외곽을 형성하고, 안으로는 북쪽의 소금강산, 서쪽의 선도산, 동쪽의 명활산, 남쪽의 남산이 병풍을 두른 듯한 분지 사이로 형산강의 지류인 대천(大川), 남천(南川), 북천(北川, 閼川)이 흐르며 경주라는 도시가 들어서게 된 것이다.

신라의 도읍지였던 경주는 당대에는 금성, 반월성, 명활성 등의 도성이 있었으며 도성을 중심으로 해서 시가지가 발전하였다. 이 시대 경주의 시가는 지금의 경주시 동쪽과 남쪽에 퍼져 있었는데, 동서로는 평균 160미터 되는 방리(坊里) 24개가 있었고, 남북으로는 평균 140미터 되는 방리 27개가 있었다고 한다. 왕도(王道) 안에 648개의 방리가 산정되었는데 왕궁과 사찰, 산과 하천의 면적을 빼면 『삼국유사』에 기록된 대로 360방 정도가 된다. 항공 사진을 찍어 본 결과 경주시 주변의 경작지 배치가 네모꼴을 하고 있음이 확인되었는데, 신라시대 방리의 모습이 남아 있는 것이라고 한다.

영역이 줄어든 고려시대의 읍성

신라시대의 도성이었던 경주는 고려시대에도 우대를 받아 동경(東京)이라고 불렸으며, 현종 3년(1012)에 경주 방어사를 임명하면서 읍성을 쌓았다. 『동경잡기(東京雜記)』 권6에도 경주읍성을 돌로 쌓았다는 기록이 있다.

고려 우왕 4년(1378)에 개축하였다. 둘레가 4,075척, 높이가 12척 7촌인데, 돌로 쌓았다. 남문은 징례문, 동문은 향일문, 서문은 망미문, 북문은 공진문이다. 징례문 밖에는 언덕이 있어 고목이 울창한데, 그곳에 올라가면 성 안을 바라볼 수 있다. 이곳을 봉황대라고 한다.

현재 집경전 터 바로 뒤에 남아 있는 석축문(石築門) 터가 바로 고려시대 읍성의 북문 터라고 한다.

1936년까지도 읍남고루(邑南古壘)가 제대로 남아 있었는데, 높이 3.5미터, 바닥 폭 9.5미터인 제방 형태였다. 외벽 높이는 3미터, 내벽 높이는 2미터였는데, 남쪽은 흙으로, 북쪽은 돌로 쌓아 올렸다. 남쪽으로는 남천을 끼고 미추왕릉을 싸고 돌다가 서천을 따라 북상하고, 동쪽으로는 북천을 따라 쌓았는데, 당시 조사자는 강물을 막기 위한 제방이라고 하였다. 그러나 제방을 쌓은 이유는 주거 지역을 보호하기 위한 것으로 이 제방 안쪽이 바로 고려시대의 주거 지역이었던 셈이다.

고루(古壘)의 폭은 동서가 1,848미터, 남북이 2,400미터였는데, 구불구불 쌓은 것을 보면 신라시대의 방리 개념이 없어졌음을 알 수 있다. 월성, 분황사, 황룡사 일대가 포함되지 않았으니, 신라시대 경주 시가보다 훨씬 줄

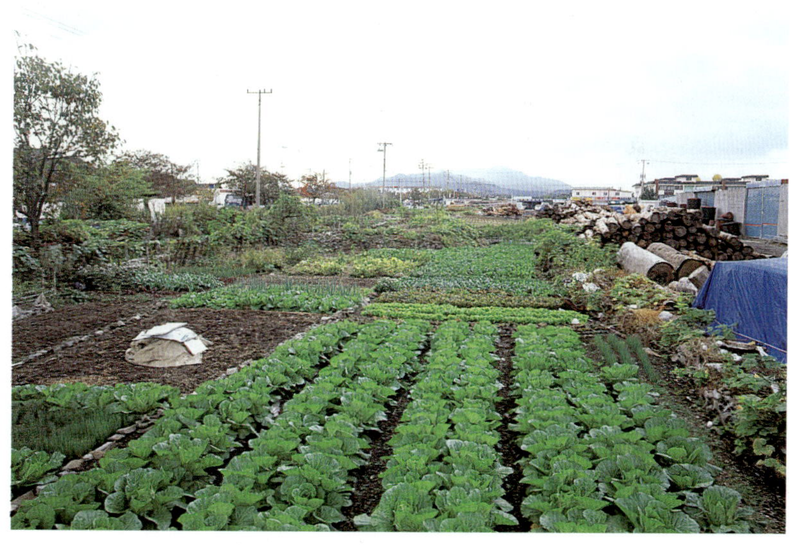

토루 고려시대에 들어 경주는 한낱 읍성으로 쇠퇴하고 말았다. 이 유적은 대부분 흔적도 없이 무너졌으며, 지금은 경주고등학교 서편에 토루만이 일부 남아 텃밭으로 사용되고 있다.

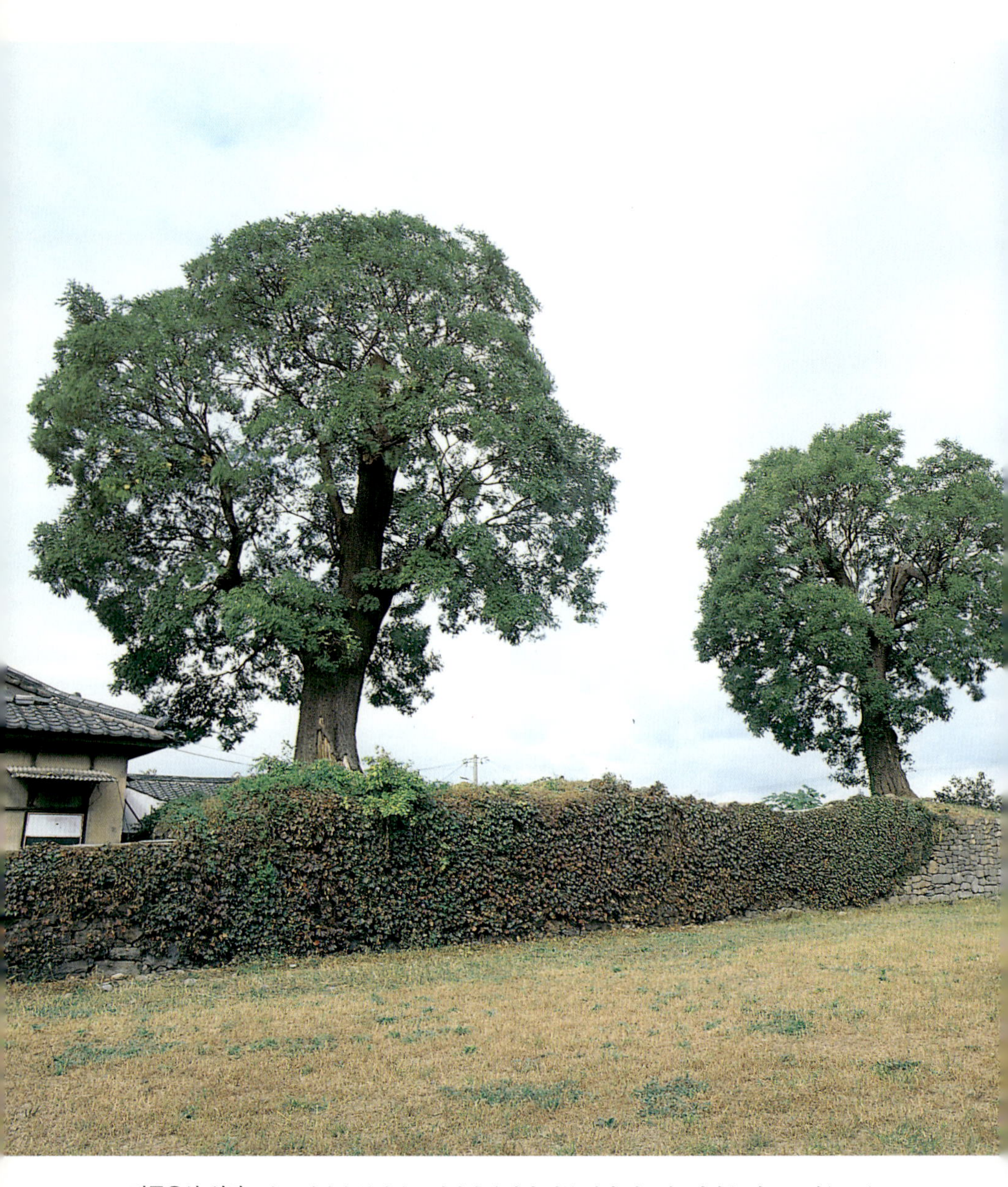

경주읍성 성곽 경주 시가지 북편에 조선시대 읍성이 일부 남아 있는데, 이것은 영조 22년(1746)
에 고쳐 쌓은 것이다.

어든 것이다. 수많은 왕궁과 왕릉, 사찰 그리고 위락 시설과 시장까지 갖추었던 국제 도시 경주가 한낱 읍성으로 쇠퇴하고 만 것이다. 시가지가 발전하면서 이 유적은 대부분 흔적도 없이 무너졌는데, 지금은 경주고등학교 서편에 토루(土壘)만이 일부 남아 있다. 사적 제17호이다.

조선시대에 다시 쌓은 읍성

경주는 태종 15년(1415) 부(府)가 되어 부윤(종2품)이 다스렸는데, 『경상도지리지(慶尙道地理志)』에 의하면 당시 호수가 1,552호에다 인구가 1만 2,220명이었다고 한다. 『삼국유사』에 의하면 신라 전성기에 17만 8,936호였다니 몇 십 분의 1로 줄어들었음을 알 수 있다. 그에 따라 읍성의 크기도 줄어들었다. 『세종실록』「지리지」에는 당시 읍성의 둘레가 679보, 『신증동국여지승람』에는 4,075척이라고 한 것으로 보아 1,300미터 정도였던 셈이다. 우물이 80개나 되었다고 하니 다른 읍성들보다는 물 사정이 넉넉했음을 알 수 있다.

현재 경주 시가지 북편에 조선시대 읍성이 일부 남아 있는데, 영조 22년(1746)에 고쳐 쌓은 것이다. 1789년 당시 호수가 1만 8,151호에다 인구가 7만 1,956명으로 늘어났으니, 읍성의 면적이 크게 늘어날 수밖에 없었다.

규장각에 소장된 「경주읍내전도」에 의하면 네모난 읍성이 북천 남쪽에서 고분군(古墳群) 북쪽 사이에 위치하고 있는데, 사면 성곽 가운데에는 출입문들이 있고, 동문과 서문, 남문과 북문에는 두 문을 연결하는 직선 도로가 있다. 노동리와 노서리가 성밖 남쪽에 있고, 성서리가 성밖 서쪽에 있는 것을 보면, 현재 경주 시가의 서북쪽에서 경주시

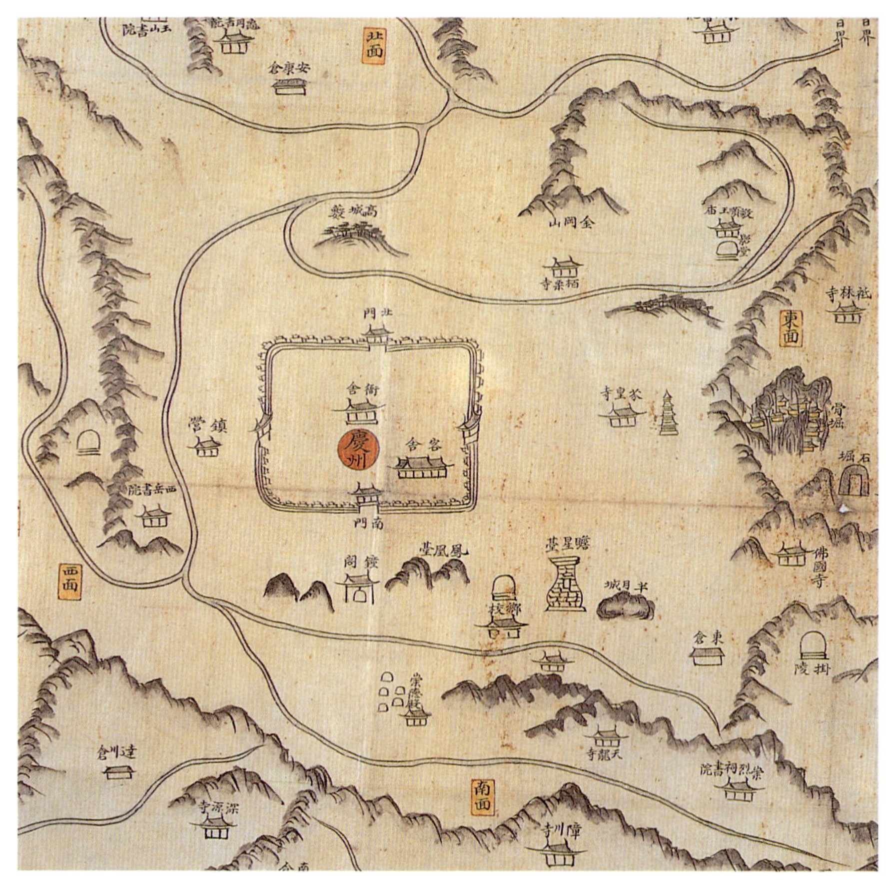

경주부지도 부분 1872년, 87×68센티미터, 서울대학교 규장각 소장.

중심 지역의 4분의 1 정도를 차지했던 셈이다.

중종 때에 부윤 예춘년이 징례문 앞 봉황대 밑에 종각을 짓고, 12만 근으로 된 에밀레종을 달았다. 성문을 열거나 닫을 때 그리고 유사시 군사를 동원할 때 이 종을 쳤다.

시가지가 확장되면서 조선시대에 쌓은 성벽은 대부분 헐렸고, 지금은 일부만 남아 있다. 성벽에 간혹 탑재(塔材)도 섞여 있는데, 불교가 쇠퇴한 조선 후기에 개축하면서 부근의 절에서 옮겨 쌓은 듯하다. 경주읍성은 사적 제96호로 지정되어 있다.

임진왜란의 격전지

1592년 4월 21일에 왜군이 경주읍성 남문인 징례문을 부수자, 성을 지키던 장기현감 이수일(李守一)은 서문인 망미문을 열고 달아났으며, 판관 박의장(朴毅長)은 동문인 향일문과 북문인 공진문을 열고 달아났다.

경주부윤 윤인함(尹仁涵)은 선도산에서 의병 1,000여 명을 모았으며, 영천성 탈환에 성공한 경상좌병사 박진(朴晉)은 열여섯 고을의 군사 1만여 명을 거느리고 안강에 진을 쳤다. 8월 20일 밤 40리를 행군하여 경주성을 들이닥치고, 성밖의 민가를 불질러 공격 신호로 삼았다.

새벽 4시쯤 우리 군사가 서문을 부수고 성안으로 쳐들어가자, 왜군은 동문을 열고 달아났다. 그러나 정오쯤 왜군의 지원 부대가 백률산과 향교 쪽에서 우리 군사의 후미를 습격하자, 경주읍성 안에 있던 왜군도 북문을 열고 나와서 우리 군사를 협공하였다. 2,000여 명이 전사했는데, 서천 물이 피로 붉게 물들었다고 한다.

경주읍성을 탈환하기 위해 9월 8일 낮 선봉장 박의장이 군사 1,000여 명을 이끌고 성벽 밑까지 들이닥쳤는데, 비격진천뢰(飛擊震天雷)를 성안으로 여러 발 쏘아대며 화공 작전을 펼쳤다.

이 폭탄은 경주 출신의 화포장(火砲匠) 이장손(李長孫)이 창안한 무기인데, 대포 구멍에 넣어 쏘면 500~600보 날아가서 목적지에 떨어진 다음, 한참 뒤에 그 안에서 불이 나면서 터졌다고 한다. 쇳조각이 별처럼 흩어지면서 사망자가 30여 명 정도 생겼다고 한다. 지름 21센티미터 정도의 비격진천뢰는 육군박물관에서 상설 전시하고 있으며 보물 제860호이다.

박의장이 성안에 들어가 보니 집경전을 비롯한 관아들이 무너져 있었다. 객사의 일부와 창고가 온전할 뿐, 많은 건물을 뜯어서 길을 막아 놓고 싸울 준비를 한 흔적도 보였다.

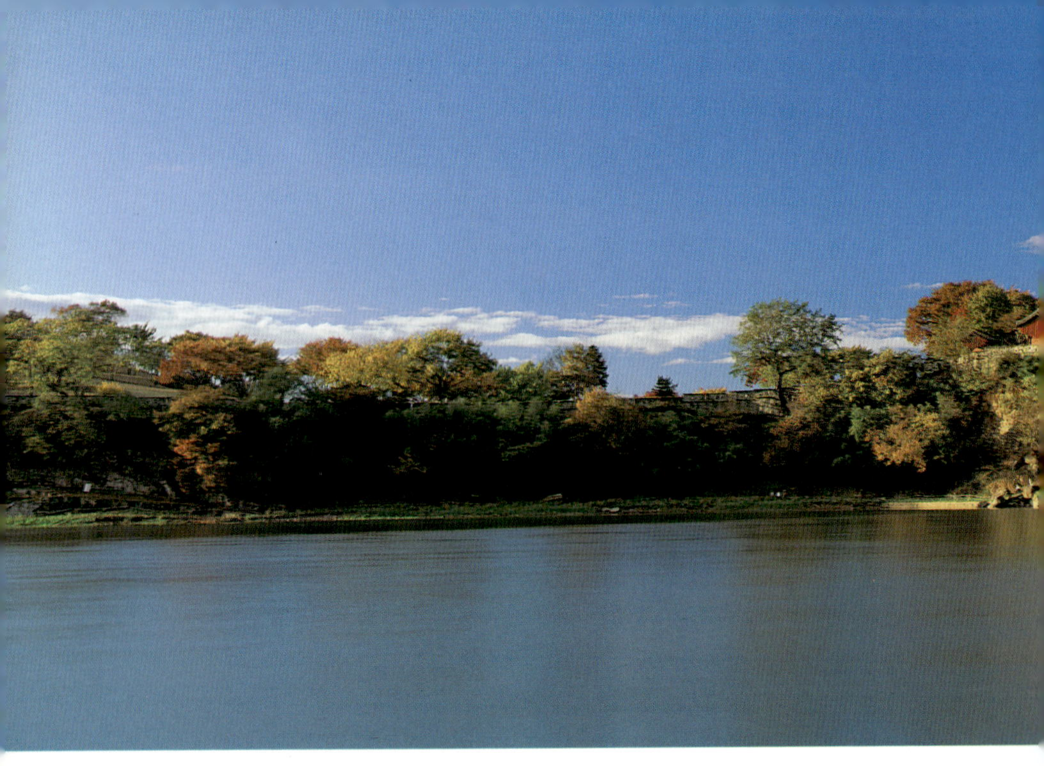

진주성

사적 제118호인 진주성은 남강 절벽 위에 세워졌는데, 이곳은 천험의 요새로 백제 때부터 성이 있었다. 『신증동국여지승람』에 의하면 백제시대 거열성 터였으며 고려 때에도 읍성이 세워졌다고 한다. 뾰족한 바위들이 빽빽이 들어차 있어서 흔히 촉석성(矗石城)이라고도 부른다. 가파른 지형을 이용하여 반산성식으로 쌓은 읍성이다. 현재 4킬로미터 정도의 성벽을 따라 돌계단이 만들어져 있어서 남강을 굽어보며 산책하기에 좋다.

임진왜란 당시에는 삼대첩의 현장이 되기도 했다. 왜군이 경상도에서 전라도로 넘어가려면 진주를 거쳐야 했으므로, 왜장 하세가와(長谷川)는 2만 군사를 거느리고 진주성을 공격하였다. 진주성에는 목사 김시민(金時敏)이 이끄는 군사 3,700명밖에 없었다.

왜군은 10월 8일 대나무 사다리를 만들어 성벽을 기어올랐고, 3층 높이

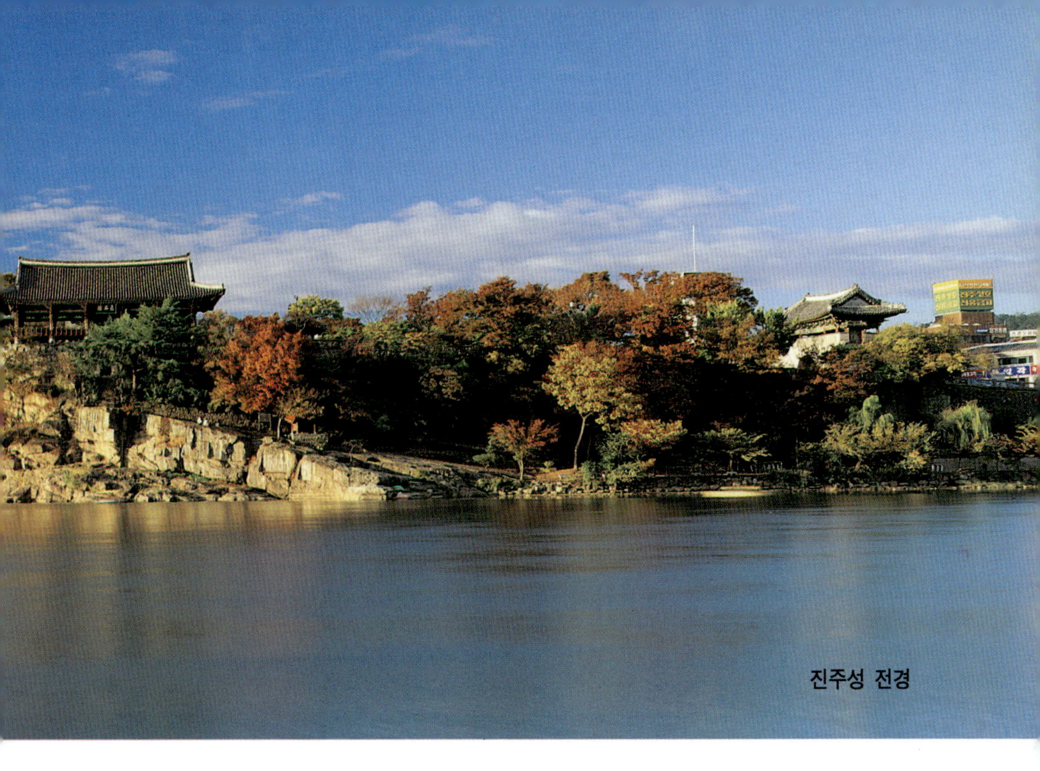

진주성 전경

의 산대(山臺)를 만들어 읍성을 내려다보며 공격하였다. 우리 군사는 대나무 사다리를 불사르고, 왜적의 산대를 자루가 긴 도끼와 낫으로 파괴하였다. 10일 사경(四更)에 왜군은 2대로 나누어, 1대는 북문 밖에서 쳐들어왔고 2대는 동문을 공격했다. 이들은 긴 사다리를 타고 성벽을 기어올랐으며, 그뒤로 기병 1,000명이 조총을 마구 쏘며 돌진하였다. 김시민은 동문 북쪽에서 군사를 지휘하였고 판관 성수경(成守慶)은 동문 옹성에서 지휘하였는데, 활, 진천뢰(震天雷), 돌덩이, 끓는 물, 불 붙인 짚덩이 등을 던지면서 사력을 다해 적을 막았다. 왜군은 결국 크게 피해를 입고 물러섰다. 이 싸움이 바로 임진왜란 삼대첩 가운데 하나인 진주성 싸움이다.

　명나라가 일본과 화의(和議)를 진행하는 동안, 왜군은 진주성을 다시 공격하였다. 창의사(倡義使) 김천일(金千鎰)이 거느린 군사는 수천 명에 지나지 않았고, 일반 백성이 6,7만 명이나 되어 대군과 싸우기에는 전투력이 모자랐다.

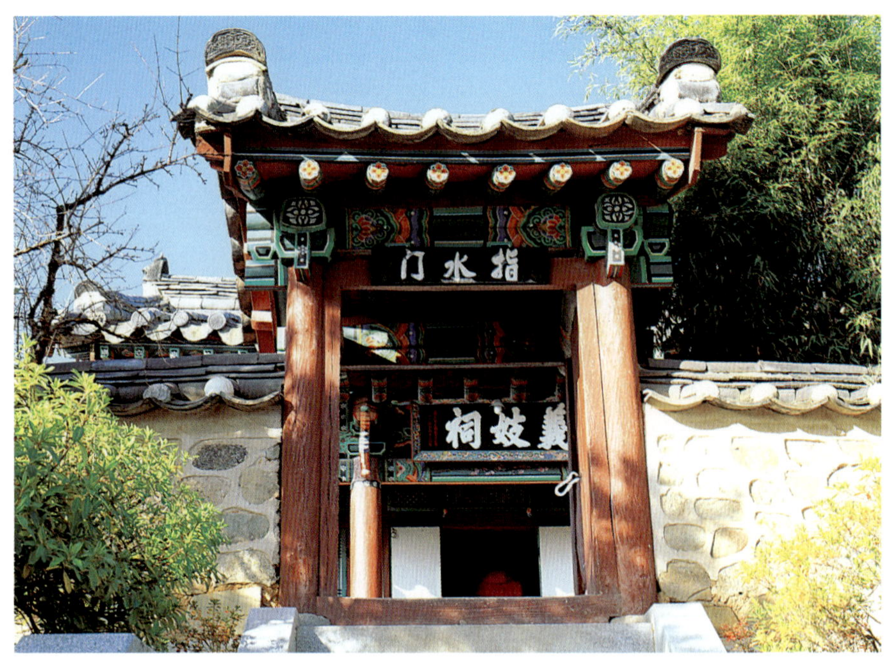

의기사　1739년에 경상우병사 남덕하가 기생 논개를 기려서 의기사를 세우고 의로운 혼을 봉안하였다. 안에는 김은호가 그린 논개 영정이 모셔져 있다.

　　1593년 6월 25일 적군은 동문 밖에 흙을 모아 높은 언덕을 만들고는 그 위에 흙집을 지어서 성을 내려다보며 탄환을 발사하였다. 성안에서도 백성들이 높은 언덕을 만들고, 현자포를 쏘며 적군을 격파하였다.

　　며칠 동안 공격에 실패한 적군은 27일 철갑을 두르고, 철추(鐵椎)를 사용하여 성벽을 헐기 시작하였다. 적은 성의 밑뿌리를 파서 무너뜨리려고 하였고, 성안에서는 이를 막기 위해 사력을 다하였다.

　　28일 큰비가 내리자, 그동안 온갖 공격에도 견디던 성벽이 허물어지기 시작하였다. 29일 왜군은 무너진 성벽으로 난입(亂入)하였다. 너무 가까이 들이닥쳐 활을 쏠 수 없게 되자, 우리 군사들은 창과 칼로써 백병전(白兵戰)을 벌였다. 김천일, 고종후(高從厚), 최경회(崔慶會) 등은 촉석루(矗石樓)

에서 임금이 있는 북쪽을 바라보며 두 번 절한 뒤에, 남강에 몸을 던져 자결하였다. 나머지 지휘관들은 백성들과 함께 시가전을 벌이다가 모두 장렬하게 전사하였다.

진주성 싸움에 대해서는 진주성 안에 세워진 국립진주박물관에 많은 자료가 정리되어 있으며, 이 싸움에 사용되었던 중완구(中碗口, 보물 제858호)와 현자총통(玄字銃筒, 보물 제885호) 등도 전시되어 있다. 임진왜란을 겪었던 성이 바로 내성인데, 내성이 있던 자리에 지금은 진주공원이 조성되어 있다.

진주성은 남쪽에 남강이라는 천연의 해자가 있어서 임진왜란 중에도 많은 덕을 보았다. 강물이 빙 둘러 흐르는 데다 바위와 벼랑이 가팔라서, 남쪽은 지킬 필요가 없었던 것이다. 1593년 진주성이 함락되는 과정에서 우리 군사들은 남강 절벽 쪽으로 밀렸는데, 김해부사 이종인(李宗仁)은 양쪽 겨드랑이에 왜군 한 명씩을 끼고 남강에 뛰어들어 죽었다.

성이 함락되자 왜군들이 촉석루에서 승전 잔치를 벌였는데, 기생 논개(論介)가 가파른 바위로 적장을 유인한 다음 껴안고 남강에 몸을 던졌다고 한다. 유몽인(柳夢寅)이 그 이야기를 『어우야담(於于野談)』에 기록한 뒤부터 논개가 의기(義妓)로 추앙되었으며, 위암(危巖)이라고 불리던 바위에 진주 사람들이 '의암(義巖)'이라고 새겨 넣었다. 경상우병사 최진한(崔鎭漢)이 1721년 의암사적비(義巖事蹟碑)를 세웠으며, 경상우병사 남덕하(南德夏)가 1739년 의암 부근에 의기사(義妓祠)를 세워 의로운 혼을 봉안하였다. 이 사당은 여러 차례 보수를 거쳐 지금도 촉석루 옆에 남아 있다. 정면 3칸, 측면 2칸의 맞배지붕 기와집 안에는 김은호(金殷鎬)가 그린 논개의 영정이 모셔져 있다.

내성

『신증동국여지승람』에 "촉석성은 진주(관아) 남쪽 1리에 있다. 돌로 쌓았는데 둘레가 4,359척이고, 높이는 15척이다. 성안에 우물과 샘이 각기 셋씩 있고, 군량미 창고가 있다"고 하였다. 조선 초기부터 있던 읍성을 내성이라고 부른다. 이 고을 출신인 하륜(河崙)이 「성문기(城門記)」를 지었는데, 흙으로 쌓았던 성이 무너지고 왜구가 자주 쳐들어오자 진주목사 김중광(金仲光)이 1379년에 돌로 고쳐 쌓았다고 한다. 성 둘레는 800보이고 높이는 세 길이 넘었는데 서문에 의정문(義正門), 북문에 지제루(智濟樓), 남문에 예화루(禮化樓)를 세웠다. 동쪽에 판 세 군데 못물이 북쪽으로 흘러와 서쪽의 청천, 남쪽의 남강과 어우러져 천험의 요새를 이루었다고 한다. 성에 들어오려면 사방 어디서나 강을 건너도록 만든 것이다. 이때 고쳐 쌓은 성이 바로 내성인데, 임진왜란 때에는 여기서 왜군과 맞서 싸웠다. 1970년대 이후 복원 공사를 계속하여 내성 내부는 거의 복구되었다.

촉석루

남강을 내려다보는 벼랑 위에 세워진 이 누각은 정면 5칸, 측면 4칸의 웅장한 규모로, 우리나라 3대 누각 가운데 하나로 손꼽힌다. 고려 말에 김중광이 창건한 이래 안진, 권충 등이 주도하여 여러 차례 중수를 거쳤는데, 1725년 목사 안극효가 여덟 번째 중수했다고 한다. 강가에 뽀족뽀족한 바위가 있어 '촉석루'라 이름지었는데, 이 건물은 한국전쟁 중에 시가지와 함께 불타 버렸다. 1960년에 복원한 새 건물은 경상남도 문화재자료 제8호로 지정되었다. 촉석루 아래 성벽에 남강으로 내려가는 암문(暗門)이 있다. 평시에는 관원들이 풍류를 즐겼던 곳이며, 전시에는 전략을 의논하고 지휘하던 곳이다. 그래서 임진왜란 중에는 '남장대(南將臺)'라고 불렸다. 지금도 수많은 시판들이 걸려 있다.

북장대와 서장대

진주성 안에 있는 유적들은 모두 임진왜란과 관계가 있다.

영남포정사(嶺南布政司) 문루   1610년에 병사 남이흥(南以興)이 동문을 중수하면서 대변루(待變樓)를 새로 세웠는데, 나중에 영남포정사가

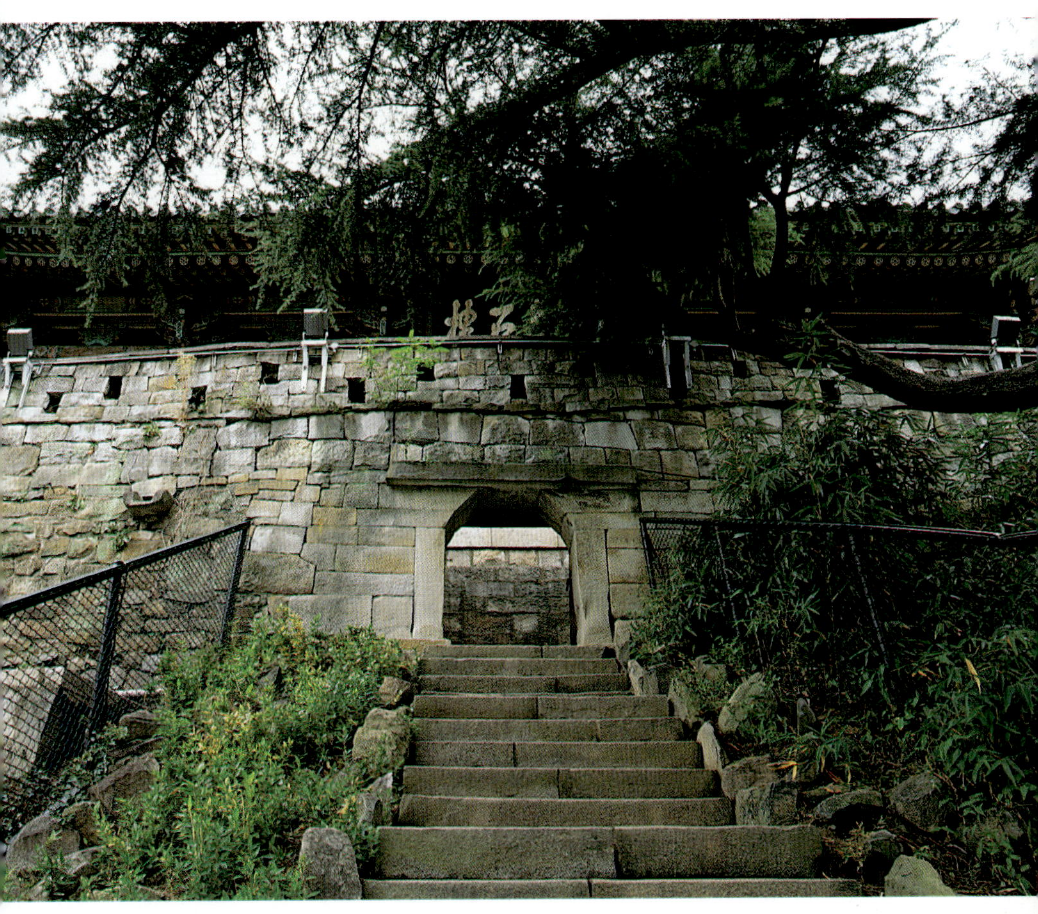

촉석루와 남암문 남강을 내려다보는 벼랑 위에 세워진 이 누각은 정면 5칸, 측면 4칸의 웅장한 규모로, 우리나라 3대 누각 가운데 하나로 손꼽힌다. 그 아래 성벽에는 남강으로 내려가는 암문이 있다. 평시에는 관원들이 풍류를 즐겼으며, 전시에는 이곳에서 전략을 의논하고 지휘하였다.

되었다. 지금 건물은 정면 3칸, 측면 2칸의 팔작지붕 누각인데, 조선 후기에 세운 것이다. 경상남도 문화재자료 제3호이다.

북장대(北將臺) 진주성 서쪽 봉우리에 있는데, 성벽을 굽어보며 지휘하기 좋은 곳이다. 1584년에 목사 신묵이 세웠는데, 정면 3칸, 측면 2칸의

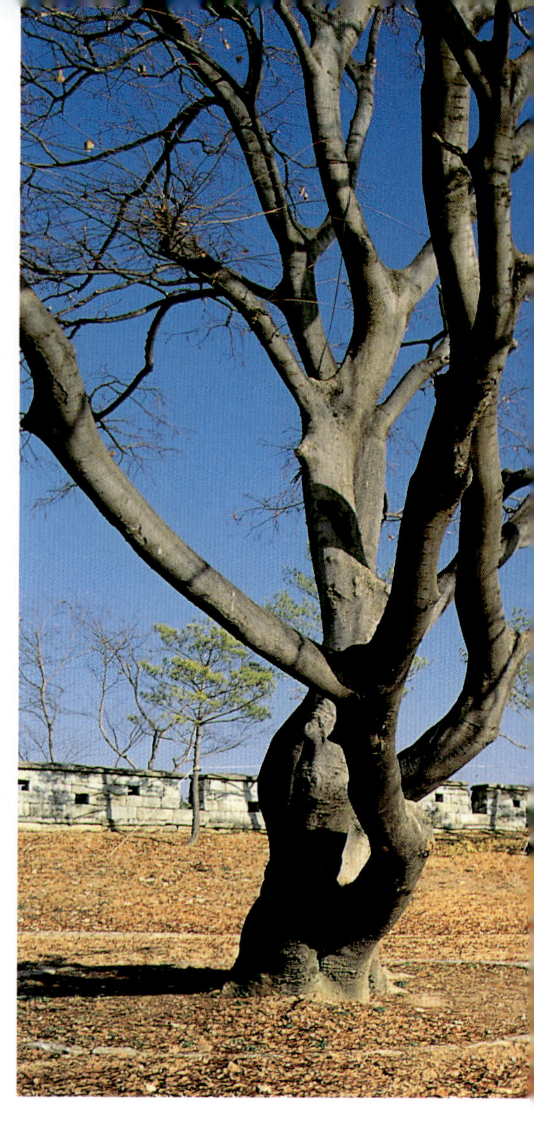

팔작지붕 기와집이다. 높은 석축 위에 다시 높은 주춧돌을 놓고, 그 위에
누각 형태로 지었다. 경상남도 문화재자료 제4호이다.

　　창렬사(彰烈祠)　　진주성이 함락되면서 장렬하게 전사한 창의사 김천일
과 경상우병사 최경회, 김해부사 이종인 등의 신위를 모신 사당이다. 전쟁
이 잠시 소강 상태에 이른 1595년에 정사호가 세웠으며, 1607년에 선조가

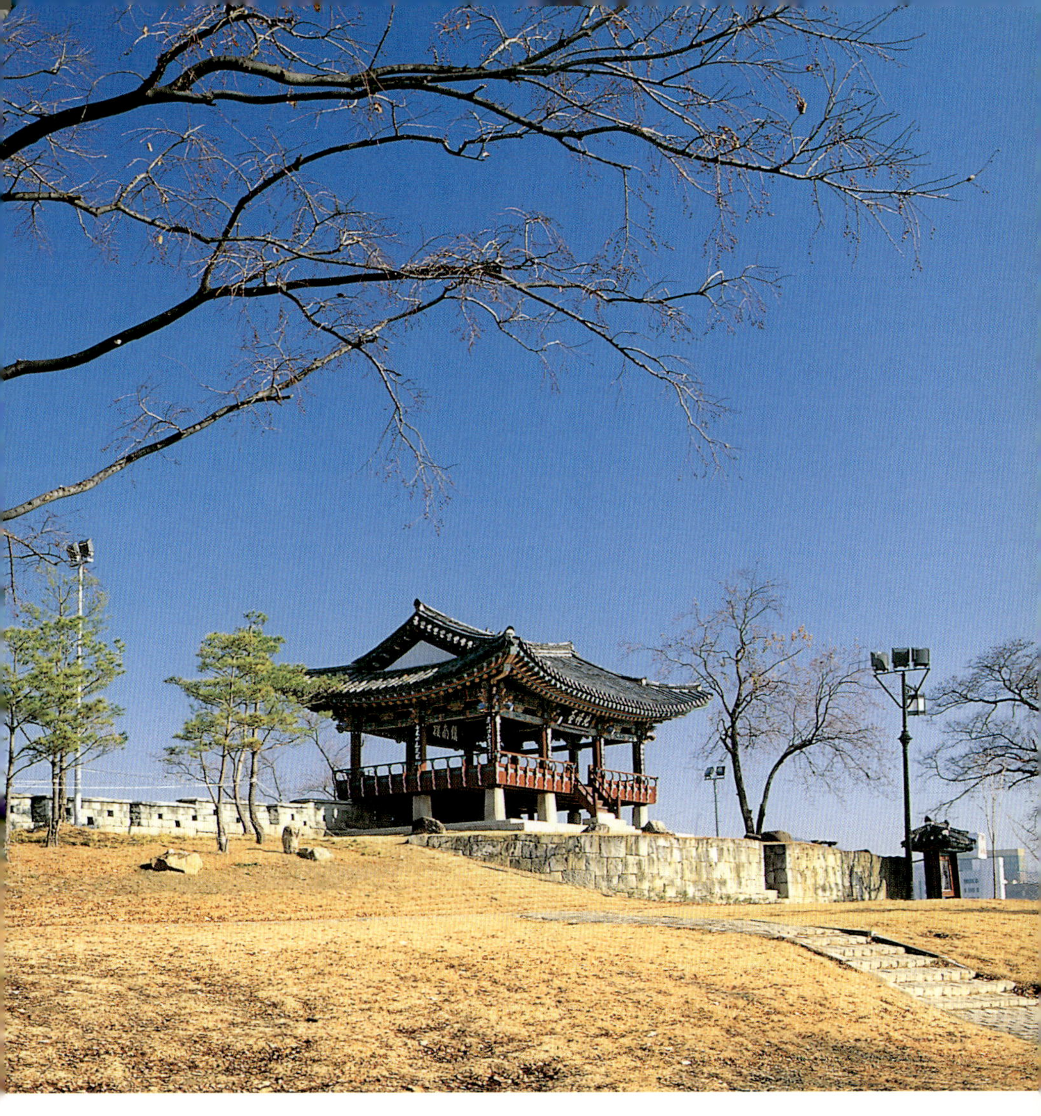

편액을 내렸다. 1871년 대원군의 서원 철폐령 때에도 호국 충절의 뜻을 기려 존속시켰으며, 한국전쟁 중에 불탄 것을 다시 복원하였다. 정면 3칸, 측면 2칸의 맞배 기와집인데 경상남도 문화재자료 제5호이다.

서장대(西將臺)　　서쪽 성벽 모서리에 가파른 절벽을 이용하여 망루를 세웠다. 석축은 없이 낮은 주춧돌 위에 기둥을 세웠으며, 마루는 깔지 않았

다. 정면 3칸, 측면 2칸의 팔작지붕 기와집으로 복원했는데, 경상남도 문화
재자료 제6호이다.

외성

임진왜란을 겪은 뒤 진주성이 전략적으로 중요한 곳임을 인식하고, 1608
년 경상우도 병마절도사영을 창원에서 진주로 옮기고 절도사가 목사를 겸하
게 하였으며, 크게 수축하였다. 왜란 중에 무너진 내성을 보완하면서, 그
바깥으로 훨씬 더 넓은 외성을 새로 쌓은 것이다. 둘레 1만 330척, 높이 25
척의 외성을 쌓고 내성의 북문과 외성의 북문 및 남문에는 옹성을 새로 쌓
았다. 그뒤로 진주 시가지가 외성에 가득할 정도로 넓어졌는데, 외성의 성
벽은 지금 거의 다 무너졌다.

「진주성도(晉州城圖)」

진주읍성과 성밖에 위치한 진영, 향교, 남강의 모습이 담긴 그림이나 지
도들이 전하는데, 1711년에 김진재가 그렸다고 전하는 그림 지도가 대표적
이다. 세로 80센티미터, 가로 121센티미터 크기인데 규장각에 있다. 8폭
병풍으로 민간에 전해지는 것들도 있다. 내성과 외성, 촉석루와 성문들, 내
성 안의 관아와 외성 안의 민가들, 시가지와 해자까지도 자세하게 그려져
있다. 지금은 유허만 남은 외성과 진영도 그려져 있어서, 복원할 때에 좋은
자료가 될 것이다.

진주 십이경

예부터 진주의 명승을 열두 가지로 꼽았는데 읍성에 관계되는 경치가 대
부분이다. 제1경의 촉석임강(矗石臨江)은 촉석루가 강가에 우뚝 선 모습이
고, 제2경은 의암낙화(義巖落花)인데 의암에서 논개가 강물에 몸을 던진 것
처럼 꽃들이 떨어지는 모습이다. 제3경은 망미고성(望美古城)으로 망미루
에서 바라보는 진주성의 모습이고, 제5경은 호국효종(護國曉鐘)인데 호국

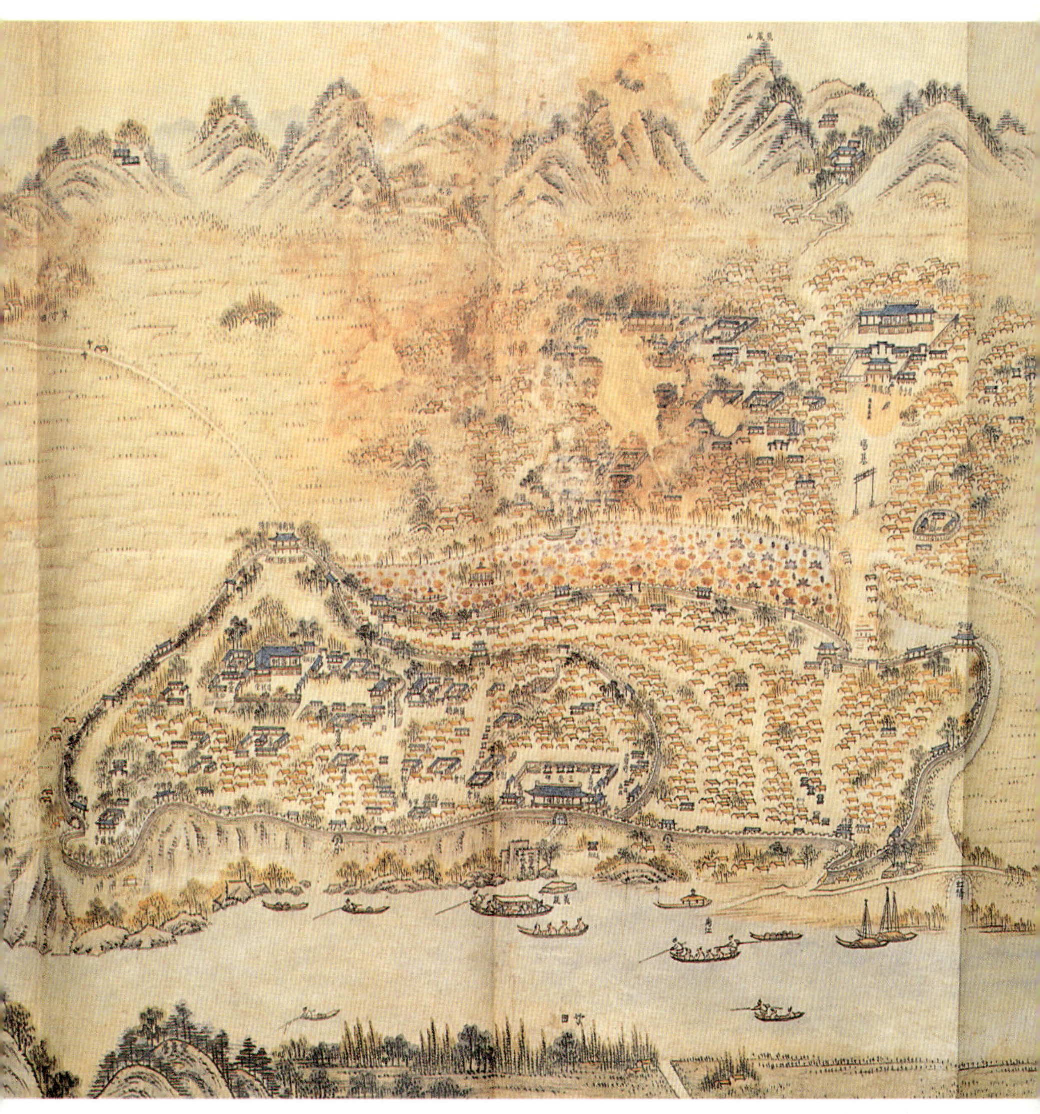

진주지도 부분 진주읍성을 중심으로 성밖에 위치한 진영, 내성과 외성, 촉석루와 성문들, 내성 안의 관아와 외성 안의 민가들이 아름답게 그려져 있다. 1872년, 79×122센티미터, 서울대학교 규장각 소장.

사에서 들려오는 새벽 종소리이다. 제7경은 풍천표아(楓川漂娥)로 풍천에서 아낙네가 빨래하는 모습이고, 제8경은 청평총죽(菁坪叢竹)으로 청평의 우거진 대숲이다. 제9경의 진소연화(陣沼蓮花)는 진영 연못에 연꽃이 핀 모습이고, 제11경은 남산주행(南山舟行)으로 진주성이 남산을 향해 마치 배처럼 물살을 가르며 달리는 모습이다. 지금도 진주성에서 이런 모습을 즐길 수 있다.

북문 임진왜란 중에 무너진 내성을 보완하면서, 그 바깥으로 훨씬 더 넓은 외성을 새로 쌓았는데, 현재 외성의 성벽은 거의 다 무너졌다.

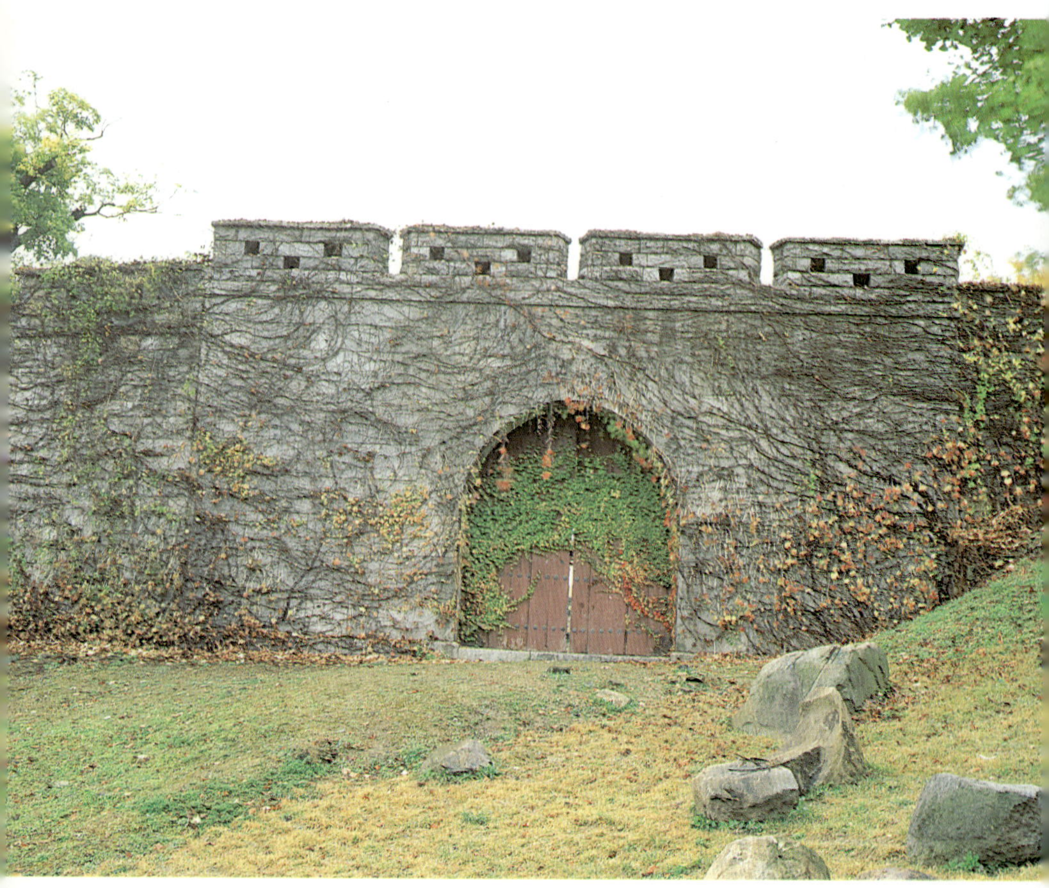

홍주읍성

충청남도 홍성군 홍성읍 오관리에 있는 홍주읍성은 조선시대 홍주목의 읍성이었는데, 이곳은 예부터 큰 고을인 데다 여러 차례 격전을 치렀다. 백제 말기에는 나당연합군이 이곳에서 백제군과 싸웠으며, 백제가 망한 뒤에는 복신(福信)이 왕자 풍(豊)과 함께 홍주읍성인 주류성(周留城)에서 나당연합군에 저항하였다고 한다. 또한 홍성 지역에서는 항일 의병 활동이 2차에 걸쳐서 전개되었는데, 1906년 5월 19일 전참판 민종식(閔宗植)이 이끄는 의병 1,100여 명이 홍주읍성에 주둔하고 있던 일본군을 공격하였다. 화포 6문으로 중무장한 의병들이 일본군을 맹렬히 공격하여 성곽과 성문을 무너뜨리고 덕산으로 퇴각시킨 뒤에, 홍주읍성을 점령하였다. 이 전투에서 의병 수백 명이 전사하였는데, 군민들이 이들을 추모하기 위해 1949년 홍성읍 대교리에 '구백의총(九百義塚)'을 만들었다. 이 구백의총은 충청남도 기념물 제4호로 지정되었다. 조양문에는 지금도 그날의 전투 흔적이 남아 있다.

지금의 홍주읍성 자리는 삼국시대 이래 읍터로서 큰 변동이 없었으며, 현존하는 읍성은 조선 초기의 축성 양식을 보여 준다. 『세종실록』「지리지」에 의하면 홍주읍성의 둘레는 533보이며, 사철 마르지 않는 샘이 하나 있었다고 한다. 그뒤 1451년에 둘레 4,856척, 높이 11척, 2척 높이의 여장 608개 규모로 읍성을 고쳐 쌓았으며, 성안에 우물 두 개가 있었다고 한다. 그뒤에도 여러 차례 고쳐 쌓았는데, 충청남도 문화재자료 제166호인 「홍주성수성비(洪州城修城碑)」에 그 사연이 기록되어 있다.

1870년에 읍성을 고쳐 쌓을 때에 남포 30명, 보령 20명, 온양 15명, 서산·태안·해미·결성·덕산·청양·비인 각 열 명씩 석공이 동원되어 홍주읍성을 쌓았다. 1,830척의 성곽을 쌓았는데, 560척은 새로 쌓았고 나머지는 고쳐 쌓았다고 한다. 동서에 수문을 새로 만들었는데, 서편 수문으로 물이 흘러들어와 동편 수문으로 흘러나가게 하였다. 총공사비로 5만 7,112냥 7전을 지원받았는데, 공사를 마치고 6,806냥 7푼이 남았다. 그래서 그 금액

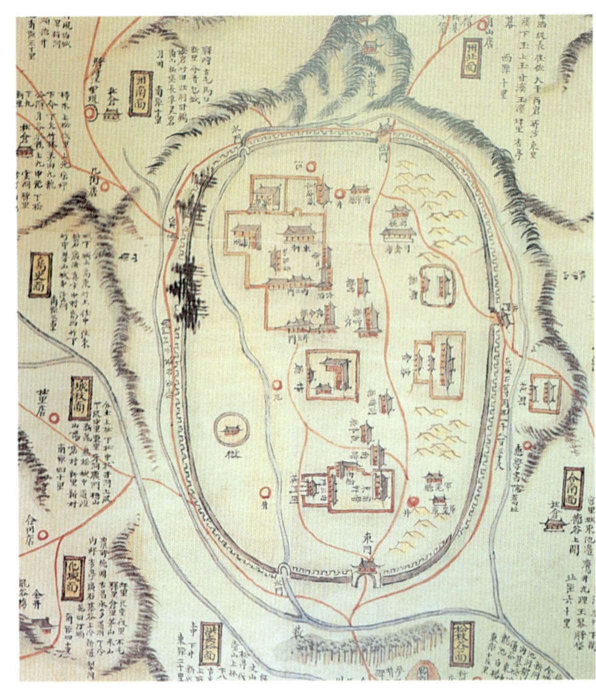

홍주지도 부분 1872년, 51×70센티미터, 서울대학교 규장각 소장. (왼쪽)
홍주읍성 성곽 평지에 쌓은 읍성이었는데 높이는 4~5미터이다. 현재는 충청남도 홍성읍 오관리에 돌로 쌓은 성곽 810미터가 남아 있다. (옆면)

은 뒷날 수선비로 남겨 두었다.

서쪽의 백월산을 배후로 삼았으며, 성벽의 북쪽과 남쪽으로 흐르는 시냇물이 동문 앞에서 만나 동북쪽으로 흘러들었으므로 천연의 해자로 이용하였다. 읍성에서 성문 밖으로 나가려면 자연히 냇물을 건너야 했으므로 지금도 북문교, 서문교 등의 다리가 남아 있다.

조선 후기에는 충청도의 5개 진관(鎭管) 가운데 하나로 홍주진관을 설치하여, 목사가 겸임하는 첨절제사가 4군 12현을 관할하였다. 그래서 특히 튼튼하게 성을 수리하였으며, 일본군들이 읍성 안에 들어가 의병들과 전투하기도 하였다. 진영의 동헌은 일제강점기에 홍성우편국 사무실로, 내아는 우편국 숙소로, 교련청과 집사청은 우편국원 숙소로 썼다. 진영에는 또한 나발이나 피리를 불어 문을 여닫는 것을 알렸던 8칸 규모의 문루가 있었으나,

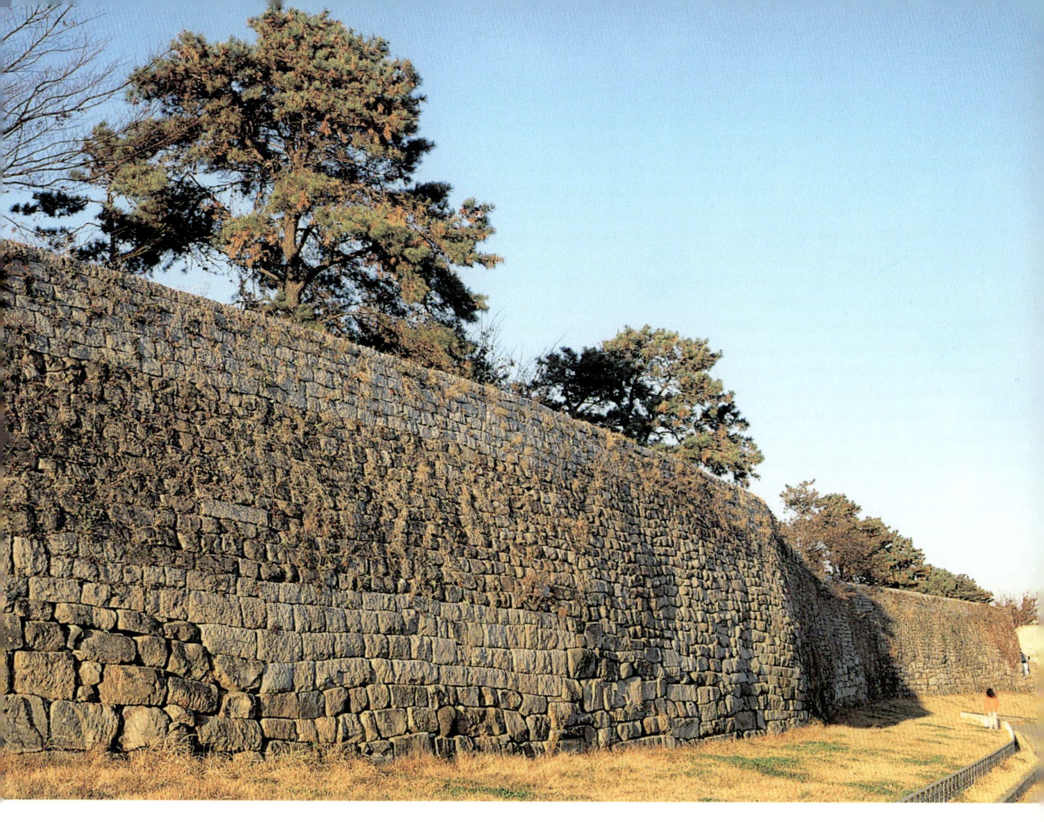

1920년대에 이미 무너져 그 부지만 우편국에 접수되었다.

　현재 홍주읍성의 성곽 일부와 동문인 조양문(朝陽門), 홍주아문(洪州衙門), 동헌인 안회당과 여하정(余何亭)이 남아 있다.

성곽

　홍성읍 오관리에 돌로 쌓은 성곽 810미터가 남아 있다. 시가지가 확장되면서 서문과 북문은 헐렸고, 지명으로만 남았다. 그러나 일제강점기 때 관아가 있던 지역은 그대로 관청이 들어섰으므로, 관아 뒤의 성곽이 담장으로 남게 된 것이다. 평지에 쌓은 읍성이었는데 높이는 4~5미터이다. 바깥쪽은 돌로 쌓고 안쪽은 경사가 지도록 흙으로 처리했으며, 지금은 풀과 나무로 덮여 있다. 1978년 10월 7일 강도 5의 지진으로 성곽 일부가 붕괴되어,

1979년부터 1982년까지 부분적으로 보수하였다. 성곽 바깥쪽에 잔디밭을 조성하였고 최영, 성삼문, 김좌진, 한용운 등 홍성 출신 위인들의 동상을 세웠다. 사적 제231호이다.

조양문

1870년에 목사 한응필이 읍성을 고쳐 쌓으면서 조양문과 경의문(景義門), 망화문(望華門)과 관아를 세웠는데 동문인 조양문의 편액은 대원군이 친히 써서 내렸다. 남문은 지형이 높아 문루 없이 홍예문으로 만들었다.

1925년에 간행된 『홍성군지』에 의하면 읍성과 삼대문은 1894년 이후 동학군이나 항일 의병과 전투를 겪으면서 모두 불타 버렸고, 동문루(조양문) 하나와 서남쪽의 성첩만 약간 남았다고 한다. 대원군이 써 준 편액까지도 모두 없어졌는데, 1917년에 군민들이 1호당 평균 5전씩 기부금을 내어 동

조양문 팔작지붕에 다포계 건물로 정면 3칸의 문루이다. 1894년 이후 동학군이나 항일 의병과 전투를 겪으면서 모두 불타고 1975년에 완전 해체, 복원하였다.

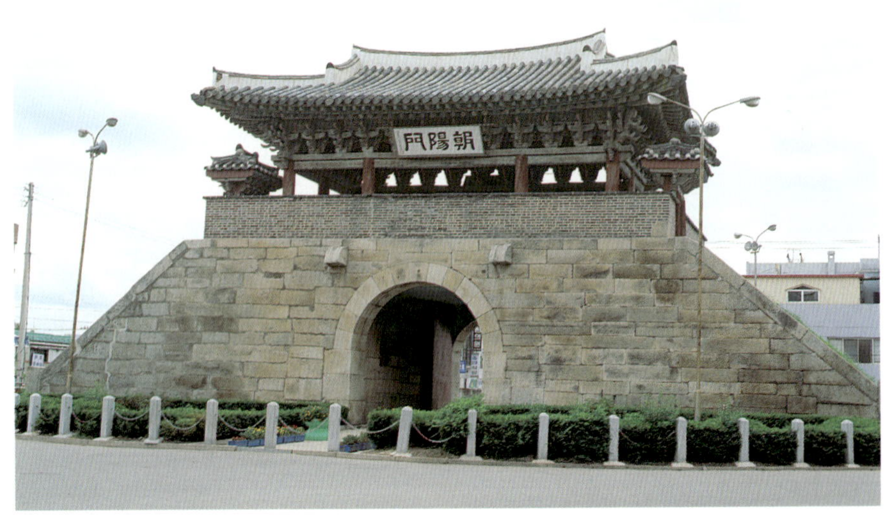

문루를 수선하였다고 한다.

조양문은 팔작지붕에 다포계 건물로 정면 3칸의 문루인데 1975년에 완전 해체, 복원하였다. 조양문은 지금도 홍성군의 중심지에 서 있다.

홍주아문

홍주읍성의 정문인 조양문을 들어서면 동헌 앞에 관아의 출입문인 외삼문이 있는데, 5칸의 기와 건물이다. 1870년에 한응필이 조양문의 문루를 설치할 때 외삼문도 같이 세웠다. 내삼문의 규모는 10칸 반이었는데, 남과 북으로 행랑을 지어 담장을 대신했다. 내삼문은 1922년경 일본군에 의해 철거되었고, 행랑은 저절로 붕괴되었다. 외삼문에 걸려 있는 '홍주아문(洪州衙門)'이라는 편액은 대원군의 친필이다. 지금도 홍성군청의 정문으로 사용하고 있다.

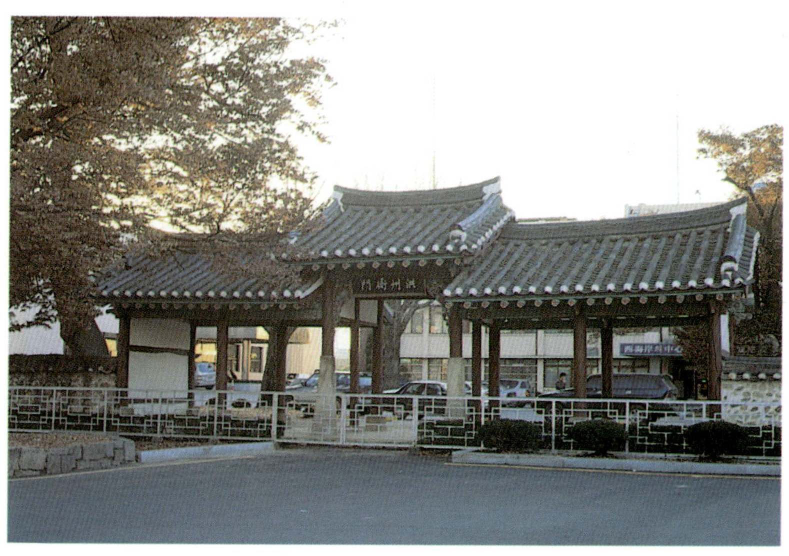

홍주아문 조양문을 들어서면 동헌 앞에 관아의 출입문인 외삼문이 있는데, 5칸의 기와 건물이다. 지금도 홍성군청의 정문 역할을 하고 있다.

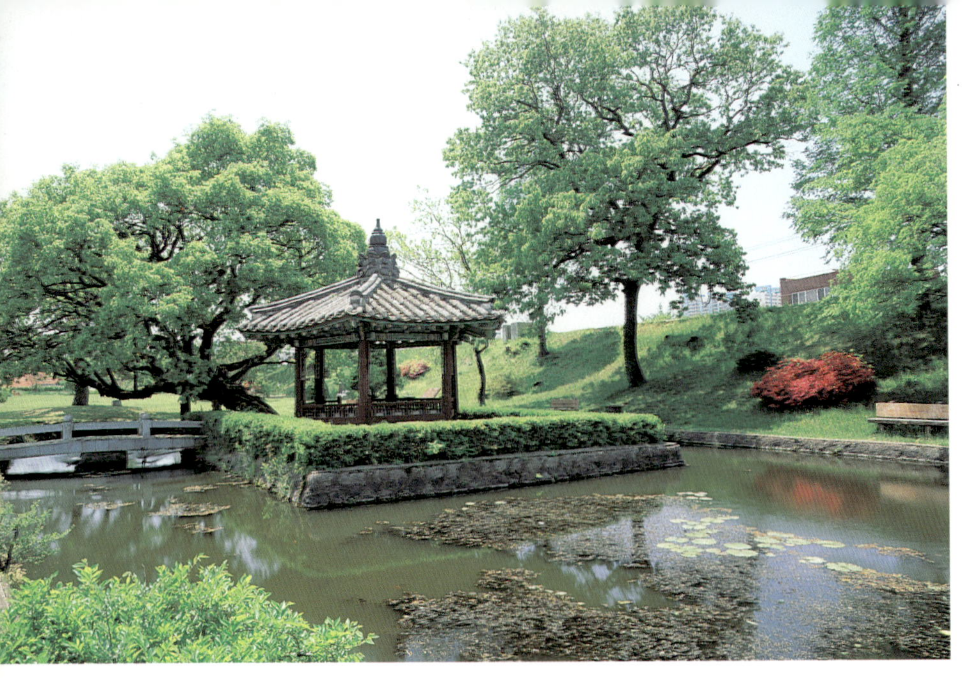

여하정　동헌인 안회당과 성곽 사이 뒤뜰에 있는 정자이다. 3평 남짓 되는 정자와 연못이 나무들로 둘러싸여 있어 성곽과 어울리며 평온한 분위기를 연출한다.

안회당

한응필이 읍성을 고쳐 쌓으면서 동헌 22칸과 내아 14칸 반도 함께 세웠는데, 현재 홍성군 청사 뒤에 동헌인 안회당만 남아 있다.

여하정

동헌인 안회당과 성곽 사이에 뒤뜰이 있고 그 가운데 연못이 있는데, 연못가에 여하정이라는 정자가 있다. 예전에는 청수정이라는 정자가 있었는데, 1896년에 목사 이승우가 육각정을 새로 짓고 여하정이라고 하였다. 김병수가 쓴 편액이 걸려 있으며, 기둥마다 시판이 두 개씩 모두 12개의 시판이 걸려 있다. 3평 남짓 되는 정자와 연못이 나무들로 둘러싸여 있어 성곽과 어울리며 평온한 분위기를 연출한다. 목사가 정무 틈틈이 이곳에 와서 쉴 만한 공간이다. 예전에는 홍주읍성 안에 계풍루(영훈루), 사달정, 은와루, 청수정, 취은루 등의 누정들이 있었는데 지금은 여하정만 남아 있다.

맺음말

내륙에 있는 읍성들은 대부분 흙으로 쌓은 토성이었으며, 임진왜란 때 무너진 뒤 다시 쌓지 않은 경우가 많다. 다시 돌로 쌓은 경우에도 시간이 지나면서 저절로 무너졌으며, 조선 후기에 들어서면서 정부의 기강이 무너지기 시작하자 백성들이 돌을 빼어다 개인 용도로 사용하기도 했다. 충청남도 금산군 조종산 위에도 산성의 흔적이 있는데, 성 너머 마을에 오래 살았던 주민들 이야기로는 자신들이 몇십 년 전에 돌을 가져다 집을 지었다고 한다.

조선왕조를 강제로 합병한 총독부는 1914년 부군폐합령을 내려 낡은 읍성과 관아를 용도 폐기했으며, 도시계획이라는 이름으로 읍성을 헐어 버리기 시작하였다. 모든 도시들에 읍성이 있었지만 지금은 대부분 남문, 서문 등의 지명으로만 남아 있을 뿐 읍성의 자취를 찾아보기 힘들게 되었다.

지금까지 남아 있는 읍성들은 대부분 방어에 중점을 두고 튼튼하게 쌓은 것들이다. 화성은 200년 전에 국력을 기울여 최신 공법으로 튼튼하게 쌓았기 때문에 보존될 수 있었으며, 제주도의 정의읍성은 개발이 더딘 제주도 산속에 있었으므로 민속마을로 살아 남을 수 있었다.

화성은 워낙 크게 쌓은 데다 현대적인 도시가 가득 들어섰으므로 읍성의 옛 모습을 한눈에 찾아보기는 힘들다. 해미읍성은 성안을 복원하기 위해 모든 건물들을 철거했으므로, 지금으로서는 옛 모습을 찾아볼 수가 없다. 낙안읍성이나 정의읍성에서 비교적 옛 모습을 많이 찾아볼 수 있는데, 동문과 서문 사이에 큰길이 나 있고 그 가운데 관아와 객사가 서 있으며 가운데서 남쪽으로 다시 큰길이 나 있다. 뒤쪽으로는 산을 의지해서 읍성을 쌓았기 때문에 작은 읍성들은 대개 북문이 없다. 백성들이 모이기 편한 한가운데 시장이 섰으며 그 주위에 주막, 여인숙, 대장간, 방물가게 등이 있다.

조선총독부가 들어서면서 새로운 제도들이 생겼는데, 이 제도에 따라 새로운 건물이 세워졌다. 군청이나 면사무소, 학교, 경찰서, 우체국 등이 바로 대표적인 신식 기관이었는데 작은 고을에서는 성격이 비슷한 옛 관아를 우선 그대로 썼다. 동헌은 군청이나 면사무소가, 객사는 학교가 사용했으며, 사령청은 경찰서나 주재소가 사용했다. 큰 고을에서는 동헌 하나로 군청 일을 다 볼 수 없자, 동헌을 헐고 새로운 군청을 지었다. 그래서 지금 군청이나 시청들은 대부분 예전의 동헌 자리에 세워져 있으며, 오래된 학교들은 대부분 객사나 향교 자리에 세워져 있다.

현재 남아 있는 읍성 가운데 화성이 가장 뛰어나다. 그밖에 동래읍성, 해미읍성, 비인읍성, 남포읍성, 홍주읍성, 보령읍성, 남원읍성, 고창읍성(모양성), 흥덕읍성, 낙안읍성, 진도읍성, 경주읍성, 진주읍성(촉석성), 언양읍성, 거제읍성 등이 일부 또는 거의 남아 있다.

참고 문헌

『신증동국여지승람(新增東國輿地勝覽)』

『읍지(邑誌)』, 아세아문화사, 1983.

이형상, 『탐라순력도(耽羅巡歷圖)』 · 『남환박물(南宦博物)』, 한국정신문화
연구원, 1979.

김병모, 『역사도시 경주』, 열화당, 1984.

김영돈, 『제주 성읍 마을』, 대원사, 1989.

김철수, 「한국 성곽도시의 형성 · 발전과정과 공간구조에 관한 연구」, 홍
익대학교대학원 박사학위논문, 1984.

반영환, 『한국의 성곽』, 대원사, 1991.

송갑득, 『낙안읍성』, 2000.

심정보, 『한국 읍성의 연구』, 학연문화사, 1995.

원광대학교 마한 · 백제문화연구소, 『고창읍성 내부건물지 발굴조사보고
서』, 1984.

윤무병, 『해미읍성내 건물지 발굴보고서』, 충남대학교박물관, 1981.

제주도, 『제주도지』, 1993.

차용걸, 「조선조 하삼도 연해읍성 축조에 대하여」, 『사학연구』 7집, 1977.

빛깔있는 책들 102-52

한국의 읍성

글 ─ 허경진
사진 ─ 김성철

발행인 ─ 장세우
발행처 ─ 주식회사 대원사

기획·편집 ─ 김분하, 김옥자, 최명지
미술 ─ 위명자, 강미옥
총무 ─ 이훈, 강미영, 홍선경
영업 ─ 이규헌, 강승일, 이광복,
　　　　강승찬

첫판 1쇄 ─ 2001년 5월 30일 발행
첫판 2쇄 ─ 2005년 9월 30일 발행

주식회사 대원사
우편번호/140-901
서울 용산구 후암동 358-17
전화번호/(02) 757-6717~9
팩시밀리/(02) 775-8043
등록번호/제 3-191호
http://www.daewonsa.co.kr

이 책에 실린 글과 그림은, 저자와 주
식회사 대원사의 동의가 없이는 아무
도 이용하실 수 없습니다.

잘못된 책은 책방에서 바꿔 드립니다.

값 13,000원

Daewonsa Publishing Co., Ltd.
Printed in Korea(2001)

ISBN 89-369-0246-6 04900

빛깔있는 책들

민속(분류번호 : 101)

1 짚문화	2 유기	3 소반	4 민속놀이(개정판)	5 전통 매듭
6 전통 자수	7 복식	8 팔도 굿	9 제주 성읍 마을	10 조상 제례
11 한국의 배	12 한국의 춤	13 전통 부채	14 우리 옛악기	15 솟대
16 전통 상례	17 농기구	18 옛다리	19 장승과 벅수	106 옹기
111 풀문화	112 한국의 무속	120 탈춤	121 동신당	129 안동 하회 마을
140 풍수지리	149 탈	158 서낭당	159 전통 목가구	165 전통 문양
169 옛안경과 안경집	187 종이 공예 문화	195 한국의 부엌	201 전통 옷감	209 한국의 화폐
210 한국의 풍어제				

고미술(분류번호 : 102)

20 한옥의 조형	21 꽃담	22 문방사우	23 고인쇄	24 수원 화성
25 한국의 정자	26 벼루	27 조선 기와	28 안압지	29 한국의 옛 조경
30 전각	31 분청사기	32 창덕궁	33 장석과 자물쇠	34 종묘와 사직
35 비원	36 옛책	37 고분	38 서양 고지도와 한국	39 단청
102 창경궁	103 한국의 누	104 조선 백자	107 한국의 궁궐	108 덕수궁
109 한국의 성곽	113 한국의 서원	116 토우	122 옛기와	125 고분 유물
136 석등	147 민화	152 북한산성	164 풍속화(하나)	167 궁중 유물(하나)
168 궁중 유물(둘)	176 전통 과학 건축	177 풍속화(둘)	198 옛 궁궐 그림	200 고려 청자
216 산신도	219 경복궁	222 서원 건축	225 한국의 암각화	226 우리 옛 도자기
227 옛 전돌	229 우리 옛 질그릇	232 소쇄원	235 한국의 향교	239 청동기 문화
243 한국의 황제	245 한국의 읍성	248 전통 장신구	250 전통 남자 장신구	

불교 문화(분류번호 : 103)

40 불상	41 사원 건축	42 범종	43 석불	44 옛절터
45 경주 남산(하나)	46 경주 남산(둘)	47 석탑	48 사리구	49 요사채
50 불화	51 괘불	52 신장상	53 보살상	54 사경
55 불교 목공예	56 부도	57 불화 그리기	58 고승 진영	59 미륵불
101 마애불	110 통도사	117 영산재	119 지옥도	123 산사의 하루
124 반가사유상	127 불국사	132 금동불	135 만다라	145 해인사
150 송광사	154 범어사	155 대흥사	156 법주사	157 운주사
171 부석사	178 철불	180 불교 의식구	220 전탑	221 마곡사
230 갑사와 동학사	236 선암사	237 금산사	240 수덕사	241 화엄사
244 다비와 사리	249 선운사	255 한국의 가사		

음식 일반(분류번호 : 201)

60 전통 음식	61 팔도 음식	62 떡과 과자	63 겨울 음식	64 봄가을 음식
65 여름 음식	66 명절 음식	166 궁중음식과 서울음식		207 통과 의례 음식
214 제주도 음식	215 김치	253 장醬		

건강 식품(분류번호 : 202)

105 민간 요법   181 전통 건강 음료

즐거운 생활(분류번호 : 203)

67 다도   68 서예   69 도예   70 동양란 가꾸기   71 분재
72 수석   73 칵테일   74 인테리어 디자인   75 낚시   76 봄가을 한복
77 겨울 한복   78 여름 한복   79 집 꾸미기   80 방과 부엌 꾸미기   81 거실 꾸미기
82 색지 공예   83 신비의 우주   84 실내 원예   85 오디오   114 관상학
115 수상학   134 애견 기르기   138 한국 춘란 가꾸기   139 사진 입문   172 현대 무용 감상법
179 오페라 감상법   192 연극 감상법   193 발레 감상법   205 쪽물들이기   211 뮤지컬 감상법
213 풍경 사진 입문   223 서양 고전음악 감상법   251 와인   254 전통주

건강 생활(분류번호 : 204)

86 요가   87 볼링   88 골프   89 생활 체조   90 5분 체조
91 기공   92 태극권   133 단전 호흡   162 택견   199 태권도
247 씨름

한국의 자연(분류번호 : 301)

93 집에서 기르는 야생화   94 약이 되는 야생초   95 약용 식물   96 한국의 동굴
97 한국의 텃새   98 한국의 철새   99 한강   100 한국의 곤충   118 고산 식물
126 한국의 호수   128 민물고기   137 야생 동물   141 북한산   142 지리산
143 한라산   144 설악산   151 한국의 토종개   153 강화도   173 속리산
174 울릉도   175 소나무   182 독도   183 오대산   184 한국의 자생란
186 계룡산   188 쉽게 구할 수 있는 염료 식물   189 한국의 외래·귀화 식물
190 백두산   197 화석   202 월출산   203 해양 생물   206 한국의 버섯
208 한국의 약수   212 주왕산   217 홍도와 흑산도   218 한국의 갯벌   224 한국의 나비
233 동강   234 대나무   238 한국의 샘물   246 백두고원

미술 일반(분류번호 : 401)

130 한국화 감상법   131 서양화 감상법   146 문자도   148 추상화 감상법   160 중국화 감상법
161 행위 예술 감상법   163 민화 그리기   170 설치 미술 감상법   185 판화 감상법
191 근대 수묵 채색화 감상법   194 옛 그림 감상법   196 근대 유화 감상법   204 무대 미술 감상법
228 서예 감상법   231 일본화 감상법   242 사군자 감상법

역사(분류번호 : 501)

252 신문